Robert Schumann

SELECTED SONGS
FOR SOLO VOICE AND PIANO

From the Complete Works Edition

Edited by
Clara Schumann

With a New Prose Translation of the Texts by
Stanley Appelbaum

DOVER PUBLICATIONS, INC.
NEW YORK

ALPHABETICAL LIST OF POETS

The poets are German unless otherwise stated.

	page
Burns, Robert (Scottish; 1759–1796)	30, 41, 47, 49, 59, 61, 64, 65
Byron, George Gordon (English; 1788–1824)	50, 53
Chamisso, Adelbert von (1781–1838)	132–147, 186
Des Knaben Wunderhorn (The Boy's Magic Horn; 1806–1808; collection of folk poetry edited and adapted by Achim von Arnim, 1781–1831, and Clemens Brentano, 1778–1842)	225
Eichendorff, Joseph von (1788–1857)	110–131, 227
Freiligrath, Ferdinand (1810–1876)	56
Geibel, Emanuel (1815–1884)	182, 211, 214, 222
Gerhard, W.	30, 41
Goethe, Johann Wolfgang von (1749–1832)	24, 32, 36, 38, 229
Heine, Heinrich (1797–1856)	1–21, 34, 62, 66, 148–181, 192, 203, 235
Kerner, Justinus (1786–1862)	70–93, 233
L'Egru, Christian	218
Moore, Thomas (Irish; 1779–1852)	56
Mörike, Eduard (1804–1875)	207, 210
Mosen, Julius (1803–1867)	26
Reinick, Robert (1805–1852)	94–109
Rückert, Friedrich (1788–1866)	22, 44, 67, 69, 196
Seidl, Johann Gabriel (Austrian; 1804–1875)	198

This Dover edition, first published in 1981, contains material from the following series (dated between 1882 and 1887) of the Schumann Complete Works Edition (*Robert Schumann's Werke. Herausgegeben von Clara Schumann*) as published by Breitkopf & Härtel, Leipzig.
Serie XIII. Für eine Singstimme mit Begleitung des Pianoforte (in four volumes).
Serie X. Mehrstimmige Gesangwerke mit Pianoforte (only the two items from *Spanisches Liederspiel*).
The translations, as well as the preliminary lists and glossary, were prepared specially for the present edition by Stanley Appelbaum.
The Publisher is grateful to the Sibley Music Library of the Eastman School of Music, Rochester, N.Y., for making its material available for reproduction.

International Standard Book Number: 0-486-24202-1
Library of Congress Catalog Card Number: 81-66088

Manufactured in the United States of America
Dover Publications, Inc.
31 East 2nd Street, Mineola, N.Y. 11501

CONTENTS

page

ALPHABETICAL LIST OF POETS   ii

ALPHABETICAL LIST OF SONG OPENINGS   v

ALPHABETICAL LIST OF SONG TITLES   vii

GLOSSARY OF GERMAN TERMS OCCURRING ON THE MUSIC PAGES   viii

LIEDERKREIS [HEINE], OP. 24

1. Morgens steh' ich auf	1
2. Es treibt mich hin	2
3. Ich wandelte unter den Bäumen	4
4. Lieb' Liebchen	6
5. Schöne Wiege meiner Leiden	7
6. Warte, warte, wilder Schiffsmann	11
7. Berg' und Burgen schau'n herunter	15
8. Anfangs wollt' ich fast verzagen	17
9. Mit Myrthen und Rosen	18

MYRTHEN, OP. 25

1. Widmung	22
2. Freisinn	24
3. Der Nussbaum	26
4. Jemand	30
5. Sitz' ich allein	32
6. Setze mir nicht	33
7. Die Lotosblume	34
8. Talismane	36
9. Lied der Suleika	38
10. Die Hochländer-Wittwe	41
11. Mutter, Mutter!	44
12. Lass mich ihm am Busen hangen	46
13. Hochländers Abschied	47
14. Hochländisches Wiegenlied	49
15. Aus den hebräischen Gesängen	50
16. Räthsel	53
17. Leis' rudern hier	56
18. Wenn durch die Piazzetta	58
19. Hauptmann's Weib	59
20. Weit, weit	61
21. Was will die einsame Thräne?	62
22. Niemand	64
23. Im Westen	65
24. Du bist wie eine Blume	66
25. Aus den östlichen Rosen	67
26. Zum Schluss	69

ZWÖLF GEDICHTE VON JUSTINUS KERNER, OP. 35

1. Lust der Sturmnacht	70
2. Stirb, Lieb' und Freud'!	72

page

   3. Wanderlust   75

   4. Erstes Grün   78

   5. Sehnsucht nach der Waldgegend   80

   6. Auf das Trinkglas eines verstorbenen Freundes   82

   7. Wanderung   84

   8. Stille Liebe   86

   9. Frage   88

   10. Stille Thränen   89

   11. Wer machte dich so krank?   92

   12. Alte Laute   93

SECHS GEDICHTE VON REINICK, OP. 36

   1. Sonntags am Rhein   94

   2. Ständchen   96

   3. Nichts Schöneres   98

   4. An den Sonnenschein   100

   5. Dichters Genesung   102

   6. Liebesbotschaft   106

LIEDERKREIS [EICHENDORFF], OP. 39

   1. In der Fremde   110

   2. Intermezzo   112

   3. Waldesgespräch   113

   4. Die Stille   116

   5. Mondnacht   118

   6. Schöne Fremde   120

   7. Auf einer Burg   122

   8. In der Fremde   123

   9. Wehmuth   125

   10. Zwielicht   126

   11. Im Walde   128

   12. Frühlingsnacht   130

FRAUENLIEBE UND LEBEN, OP. 42

   1. Seit ich ihn gesehen   132

   2. Er, der Herrlichste von Allen   133

   3. Ich kann's nicht fassen   136

   4. Du Ring an meinem Finger   138

   5. Helft mir, ihr Schwestern   140

   6. Süsser Freund, du blickest   142

   7. An meinem Herzen   144

   8. Nun hast du mir den ersten Schmerz gethan   146

DICHTERLIEBE, OP. 48

   1. Im wunderschönen Monat Mai   148

   2. Aus meinen Thränen spriessen   149

   3. Die Rose, die Lilie   150

   4. Wenn ich in deine Augen seh'   151

   5. Ich will meine Seele tauchen   152

   6. Im Rhein, im heiligen Strome   154

   7. Ich grolle nicht   156

   8. Und wüssten's die Blumen   158

   9. Das ist ein Flöten und Geigen   161

   10. Hör' ich das Liedchen klingen   164

   11. Ein Jüngling liebt ein Mädchen   166

   12. Am leuchtenden Sommermorgen   168

   13. Ich hab' im Traum geweinet   170

   14. Allnächtlich im Traume   172

	page
15. Aus alten Märchen winkt es	174
16. Die alten, bösen Lieder	178

INDIVIDUAL SONGS

Der Hidalgo (No. 3 of *Drei Gedichte von Emanuel Geibel*, Op. 30)	182
Die Löwenbraut (No. 1 of *Drei Gesänge*, Op. 31)	186
Die beiden Grenadiere (No. 1 of *Romanzen und Balladen*, Vol. II, Op. 49)	192
Volksliedchen (No. 2 of *Lieder und Gesänge*, Vol. II, Op. 51)	196
Blondel's Lied (No. 1 of *Romanzen und Balladen*, Vol. III, Op. 53)	198
Der arme Peter (No. 3 of *Romanzen und Balladen*, Vol. III, Op. 53)	203
Die Soldatenbraut (No. 1 of *Romanzen und Balladen*, Vol. IV, Op. 64)	207
Das verlassne Mägdelein (No. 2 of *Romanzen und Balladen*, Vol. IV, Op. 64)	210
Geständniss (No. 7 of *Spanisches Liederspiel*, Op. 74)	211
Der Contrabandiste (Supplement to *Spanisches Liederspiel*, Op. 74)	214
Aufträge (No. 5 of *Lieder und Gesänge*, Vol. III, Op. 77)	218
Zigeunerliedchen (No. 7 of *Lieder-Album für die Jugend*, Op. 79)	222
Marienwürmchen (No. 13 of *Lieder-Album für die Jugend*, Op. 79)	225
Der Einsiedler (No. 3 of *Drei Gesänge*, Op. 83)	227
Kennst du das Land? (No. 1 of *Lieder und Gesänge aus Goethes Wilhelm Meister*, Op. 98a)	229
Sängers Trost (No. 1 of *Fünf Lieder und Gesänge*, Op. 127)	233
Mein Wagen rollet langsam (No. 4 of *Vier Gesänge*, Op. 142)	235

| TRANSLATIONS | 238 |

ALPHABETICAL LIST OF SONG OPENINGS

	page
Ach, wenn's nur der König auch wüsst'	207
Allnächtlich im Traume seh' ich dich	172
Als ich zuerst dich hab' geseh'n	98
Also lieb' ich euch, Geliebte	211
Am leuchtenden Sommermorgen	168
Anfangs wollt' ich fast verzagen	17
An meinen Herzen, an meiner Brust	144
Aus alten Märchen winkt es	174
Aus der Heimath hinter den Blitzen roth	110
Berg' und Burgen schau'n herunter	15
Dämm'rung will die Flügel spreiten	126
Das ist ein Flöten und Geigen	161
Dass du so krank geworden	92
Dein Bildniss wunderselig	112
Der arme Peter wankt vorbei	206
Der Hans und die Grete tanzen herum	203
Des Sonntags in der Morgenstund'	94
Die alten, bösen Lieder	178
Die Lotosblume ängstigt	34
Die Rose, die Lilie, die Taube, die Sonne	150
Du bist vom Schlaf erstanden	89
Du bist wie eine Blume	66

Du herrlich Glas, nun stehst du leer	82
Du junges Grün, du frisches Gras	78
Du meine Seele, du mein Herz	22
Du Ring an meinem Finger	138
Eingeschlafen auf der Lauer	122
Ein Jüngling liebt ein Mädchen	166
Er, der Herrlichste von Allen	133
Es flüstert's der Himmel, es murrt es die Hölle	53
Es grünet ein Nussbaum vor dem Haus	26
Es ist schon spät, es ist schon kalt	113
Es ist so süss, zu scherzen	182
Es rauschen die Wipfel und schauern	120
Es treibt mich hin, es treibt mich her!	2
Es war, als hätt' der Himmel	118
Es weiss und räth es doch Keiner	116
Es zog eine Hochzeit den Berg entlang	128
Früh wann die Hähne kräh'n	210
Gottes ist der Orient!	36
Helft mir, ihr Schwestern, freundlich mich schmücken	140
Hier in diesen erdbeklommnen Lüften	69
Hoch zu Pferd! Stahl auf zartem Leibe	59
Hör' ich das Liedchen klingen	164
Hörst du den Vogel singen?	93
Ich bin der Contrabandiste	214
Ich bin gekommen in's Niederland	41
Ich grolle nicht	156
Ich hab' im Traum geweinet	170
Ich hab' mein Weib allein	64
Ich hör' die Bächlein rauschen	123
Ich kann's nicht fassen, nicht glauben	136
Ich kann wohl manchmal singen	125
Ich schau' über Forth	65
Ich sende einen Gruss wie Duft der Rosen	67
Ich wandelte unter den Bäumen	4
Ich will meine Seele tauchen	152
Im Rhein, im heiligen Strome	154
Im wunderschönen Monat Mai	148
In meiner Brust, da sitzt ein Weh	205
Jeden Morgen, in der Frühe	224
Kennst du das Land, wo die Zitronen blüh'n	229
Komm' in die stille Nacht	96
Komm, Trost der Welt, du stille Nacht!	227
Könnt' ich dich in Liedern preisen	86
Lass mich ihm am Busen hangen	46
Lasst mich nur auf meinem Sattel gelten!	24
Leis' rudern hier, mein Gondolier	56
Lieb' Liebchen, leg's Händchen auf's Herze mein	6
Marienwürmchen, setze dich	225
Mein Herz ist betrübt, ich sag' es nicht	30
Mein Herz ist im Hochland, mein Herz ist nicht hier	47
Mein Herz ist schwer! Auf! von der Wand die Laute	50
Mein Wagen rollet langsam	235
Mit der Myrthe geschmückt und dem Brautgeschmeid	186
Mit Myrthen und Rosen, lieblich und hold	18
Morgens steh' ich auf und frage	1
Mutter, Mutter! glaube nicht	44
Nach Frankreich zogen zwei Grenadier'	192
Nicht so schnelle, nicht so schnelle!	218
Nun hast du mir den ersten Schmerz gethan	146
O Sonnenschein, o Sonnenschein!	100

Schlafe, süsser kleiner Donald   49
Schöne Wiege meiner Leiden   7
Seit ich ihn gesehen, glaub' ich blind zu sein   132
Setze mir nicht, du Grobian   33
Sitz' ich allein   32
Spähend nach dem Eisengitter   198
Süsser Freund, du blickest mich verwundert an   142
Ueber'm Garten durch die Lüfte   130
Und wieder hatt' ich der Schönsten gedacht   102
Und wüssten's die Blumen, die kleinen   158
Unter die Soldaten   222
Wär' ich nie aus euch gegangen   80
Wärst du nicht, heil'ger Abendschein!   88
Warte, warte, wilder Schiffsmann   11
Was will die einsame Thräne?   62
Weint auch einst kein Liebchen   233
Wenn durch Berg' und Thale draussen   70
Wenn durch die Piazzetta   58
Wenn ich früh in den Garten geh'   196
Wenn ich in deine Augen seh'   151
Wie kann ich froh und munter sein   61
Wie, mit innigstem Behagen   38
Wohlauf noch getrunken den funkelnden Wein!   75
Wohlauf und frisch gewandert in's unbekannte Land!   84
Wolken die ihr nach Osten eilt   106
Zu Augsburg steht ein hohes Haus   72

ALPHABETICAL LIST OF SONG TITLES

This list includes only actual titles as distinct from opening lines.

	page		page
Alte Laute	93	Die Soldatenbraut	207
An den Sonnenschein	100	Die Stille	116
Auf das Trinkglas eines verstorbenen Freundes	82	Erstes Grün	78
Auf einer Burg	122	Frage	88
Aufträge	218	Freisinn	24
Aus den hebräischen Gesängen	50	Frühlingsnacht	130
Aus den östlichen Rosen	67	Geständniss	211
Blondel's Lied	198	Hauptmann's Weib	59
Das verlassne Mägdelein	210	Hochländers Abschied	47
Der arme Peter	203	Hochländisches Wiegenlied	49
Der Contrabandiste	214	Im Walde	128
Der Einsiedler	227	Im Westen	65
Der Hidalgo	182	In der Fremde	110, 123
Der Nussbaum	26	Intermezzo	112
Dichters Genesung	102	Jemand	30
Die beiden Grenadiere	192	Liebesbotschaft	106
Die Hochländer-Wittwe	41	Lied der Suleika	38
Die Lotosblume	34	Lieder aus dem Schenkenbuch . . .	32
Die Löwenbraut	186	Lieder der Braut . . .	44

Lust der Sturmnacht	70	Stirb, Lieb' und Freud'!	72
Marienwürmchen	225	Talismane	36
Mondnacht	118	Volksliedchen	196
Nichts Schöneres	98	Waldesgespräch	113
Niemand	64	Wanderlust	75
Räthsel	53	Wanderung	84
Sängers Trost	233	Wehmuth	125
Schöne Fremde	120	Weit, weit	61
Sehnsucht nach der Waldgegend	80	Widmung	22
Sonntags am Rhein	94	Zigeunerliedchen	222
Ständchen	96	Zum Schluss	69
Stille Liebe	86	Zwei Venetianische Lieder	56
Stille Thränen	89	Zwielicht	126

GLOSSARY OF GERMAN TERMS OCCURRING ON THE MUSIC PAGES

To avoid extensive repetition, some of the phrases have been broken down into their component words; for instance, *ziemlich langsam* ("fairly slowly") will be found by combining *ziemlich* ("fairly") and *langsam* ("slowly"), both of which words enter into many more combinations with others in the course of the book.

auch leidenschaftlich: also passionately

belebter: in a livelier tempo

bewegt(er): (more) agitatedly

die Begleitung leicht und zart: the accompaniment light and gentle

die beiden letzten Verse mit gesteigertem Ausdruck: the last two stanzas with heightened expression

einfach: in a simple manner

ernst: seriously

erstes [OR: I^{stes}] *Tempo:* original tempo

etwas: somewhat

feierlich: solemnly

frisch: in a fresh, spirited tempo

fröhlich: gaily

gebunden: legato

geschwind: rapidly

gut zu declamiren: to be recited clearly

heftig: violently

heimlich: mysteriously

herzlich: in a heartfelt manner

im Anfang: at the beginning

immer langsamer: more and more slowly

immer sehr leise: remaining very soft

im Tempo: in tempo

im Volkston: like a folk song

innig: fervently

keck: jauntily

kokett: coquettishly

kräftig: powerfully

langsam(er): (more) slowly

lebendig(er): in a (more) sprightly tempo

lebhaft(er): (more) vivaciously

leicht: lightly

leidenschaftlich: passionately

leise: quietly, softly

mässig: moderately

mit Affect: with emotion

mit innigem Ausdruck: with fervent expression

mit inniger Empfindung: with fervent feeling

mit innigster Empfindung: with very fervent feeling

mit Leidenschaft: with passion

mit Pedal: with pedal

munter: merrily

nach Belieben Da Capo zu singen von . . . an: may be sung da capo from the sign . . .

nach dem Sinn des Gedichts: following the meaning of the text

nach und nach: gradually

nicht (zu): not (too)

noch langsamer und leiser: even more slowly and softly

noch schneller: even faster

phantastisch: imaginatively

rasch(er): (more) quickly

ruhig(er): (more) calmly

schnell(er): fast(er)

sehr: very

stärker: more loudly

streng im Takt: following the beat strictly

Tempo wie das erste Lied: same tempo as the first song

und: and

zart: gently, tenderly

ziemlich: fairly, rather

Liederkreis [Heine], Op. 24

№ 1.

Mor _ gens steh' ich auf und fra _ ge: kommt fein's Lieb _ chen heut'? A _ bends sink' ich hin und kla _ ge: aus blieb sie _ auch heut', auch heut'. In der Nacht mit mei _ nem Kummer lieg' ich schlaf_los, lieg' ich wach, träu _ mend wie im hal _ ben Schlum_mer, träu_mend wand _ le ich bei Tag.

Sehr rasch.

Es treibt mich hin, es treibt mich her! Noch we_ni_ge

Stun_den, dann soll ich sie schauen, sie sel_ber, die schön_ste der schö_nen Jung_frau_en;—

Du ar_mes Herz, was pochst du schwer? Die Stunden sind a_ber ein

fau_les Volk! Schleppen sich_ be_hag_lich trä_ge, schlei_chen gäh_nend ih_re

We _ ge; _ tummle dich, du fau _ les Volk!

To _ ben _ de

Ei _ le mich trei _ bend er _ fasst! A _ ber wohl nie _ mals lieb _ ten die Ho _ ren, nie _ mals, nie _ mals

lieb _ ten die Ho _ ren; _ heim _ lich im grau _ sa _ men Bunde ver _ schworen, spot _ ten sie tückisch der

Lie _ ben _ den Hast.

№ 3.

Ziemlich langsam.

Ich wan- del- te un- ter den Bäu- men mit mei- nem Gram al- lein; da kam das al- te Träu- men, und schlich mir in's Herz hin- ein. Wer hat euch dies Wört- lein ge- leh- ret, ihr Vög- lein in luf- ti- ger Höh'? Schweigt still! wenn mein Herz es hö- ret, dann thut es noch ein- mal so weh. „Es

4

kam ein Jung_fräu_lein ge _ gan_gen, die sang es im_mer_fort, da

ha_ben wir Vög_lein ge_fan_gen das hüb_sche, gold'_ne Wort." Das

sollt ihr mir nicht_ er_zäh_len, ihr Vög_lein wun _ _ der_schlau; ihr

wollt meinen Kummer mir steh_len, ich a_ber Nie_mandem trau,_ ich a_ber Nieman_dem

trau'.

sie zu_erst ge_schaut. Le _ be wohl, le _ be wohl. Hätt' ich

dich doch nie ge_seh'n, schöne Her _ zens_kö_ni_gin! nim _ mer, nim _ mer

wär' es dann ge_sche_hen, dass ich jetzt so e_lend bin.

Nie wollt' ich dein Her _ ze rüh_ren, Lie _ be hab' ich nie _____ er_

fleht; nur ein stil _ les Le _ ben füh _ ren wollt' ich, wo dein O_dem

weht, wo dein O_dem weht. Doch du drängst mich selbst von hinnen, bitt're

Wor_te spricht dein Mund; Wahn_sinn wühlt in meinen Sin_nen, und mein

Herz ist krank ____ und wund. Und die Glie _ der

matt und trä_ge, schlepp'ich, schlepp' ich fort am Wan_der_

stab, ____ bis mein mü_des Haupt ich le_ge fer_ne in ein kühles Grab. ____

Schö_ne Wie_ge mei_ner Lei_den, schö_nes Grab_mal mei_ner Ruh', schö_ne Stadt, wir müs_sen schei_den_ le_be wohl, le_be wohl!

№ 6.

Sehr rasch.

War _ te, war_te, wil _ der Schiffsmann, gleich _____ folg' ich zum Ha _ fen dir, gleich, gleich, gleich! Von zwei

Jung_frau'n nehm' ich Abschied, von Eu _ ro_pa und von Ihr. Blut _ quell, rinn' aus mei _ nen Au _ gen, Blut _ quell, brich' aus mei _ nem Leib,

dass ich mit dem hei _ ssen Blu _ te mei _ ne Schmer_zen nie _ der

schreib'. Ei, mein

Lieb, wa – rum just heu – te schau – dert dich mein Blut zu

seh'n? sah'st mich bleich und her – ze – blu – tend lan – ge lan – ge

Jah – re vor dir steh'n! Jah – re vor dir steh'n! Oh!

Kennst du noch das al _ te Lied _ chen von der Schlang' im Pa _ ra _ dies, die durch schlim _ me A _ pfel _ ga _ be un _ sern Ahn' in's E _ lend stiess? Al _ les Un _ heil brach _ ten Ae _ pfel! E _ va bracht' da _ mit den Tod, E _ ris brach _ te Tro _ ja's Flam _ men,

Du, _____   Du bracht'st Bei _ des,

Flamm' und Tod.

ritard.

14

№ 7.

Ruhig, nicht schnell.

1. Berg' und Bur - gen schau'n her - un - ter in den spie - gel - hel - len Rhein, und mein Schiff - chen se - gelt mun - ter, rings um - glänzt vom Son - nen - schein, rings um - glänzt vom Son - nen - schein.

2. Ru - hig seh' ich zu - dem Spie - le gold'ner Wel - len, kraus - be - wegt, still er - wa - chen die Ge - füh - le, die ich tief im Bu - sen hegt', die ich tief im Bu - sen hegt'.

3. Freund - lich grü - ssend und - ver - hei - ssend lockt hin - ab des Stro - mes Pracht; doch ich kenn' ihn, o - ben glei - ssend bringt sein Inn' - res Tod und Nacht, bringt sein Inn' - res Tod und Nacht.

4. O _ ben Lust, im Bu _ sen Tü _ cken, Strom _____ du bist der Lieb _ sten Bild! Die kann auch _ so freund _ lich ni _ cken, lä _ chelt auch so fromm _____ und mild, lä _ chelt auch so fromm _____ und mild.

Nº 8.

An _ fangs wollt' ich fast ver _ za _ gen, und ich glaubt', ich trüg' es nie, und ich hab' es doch ge _ tra _ gen, — a _ ber fragt mich nur nicht: wie? nicht: wie?

Innig, nicht rasch.

Mit

Myr_then und Ro_sen, lieb_lich und hold, mit duft'_gen Zy_pres_sen und Flit_ter_gold, möcht' ich

zie_ren dies Buch wie 'nen Tod_ten_schrein, und sar_gen mei_ne Lie_der hin_ein. O

könnt' ich die Lie_be sar_gen hin_zu! Auf dem

Gra_be der Lie_be wächst Blüm_lein der Ruh, da blüht es her_vor, da

pflückt man es ab,— doch mir blüht's nur, wenn ich sel-ber im Grab, wenn ich

sel-ber im Grab.

Hier sind nun die Lie-der, die einst so wild, wie ein

La-va-strom, der dem Aet-na ent-quillt, her-vor gestürzt aus dem

tief-sten Ge-müth, und rings viel bli-tzen-de Fun-ken ver-sprüht. Nun

liegen sie stumm und todtengleich, nun starren sie kalt und nebelbleich. Doch auf's

Neu' die alte Gluth sie belebt, wenn der Liebe Geist einst über sie schwebt, doch auf's

Neu' die alte Gluth sie belebt, wenn der Liebe Geist einst über sie

Schneller.

schwebt. Und es wird mir im Herzen viel Ahnung laut, der

Liebe Geist einst über sie thaut; einst kommt dies

Buch in dei - ne Hand, du sü - sses

Lieb, du sü - sses Lieb' im fer - nen Land. Dann löst sich des Lie - des

Zau - ber - bann, die bla - ssen Buch - sta - ben schaun' dich an, sie schauen dir flehend in's

schö - ne Aug'; und flü - stern mit Weh - muth und Lie - bes - hauch.

Myrthen, Op. 25

Widmung.

F.Rückert.

Nº 1.

Him—mel mir ———— beschie_den. Dass du mich liebst, macht mich mir werth,— dein Blick hat

mich— vor mir ver_klärt,— du hebst mich lie_bend ü_ber mich, mein gu_ter Geist, mein bessres

Ich! Du meine See_le, du mein Herz, du meine Wonn',— o du mein Schmerz, du mei ne

Welt,— in der ich le_be, mein Him_mel du,— da_rein ich schwe_be, mein guter Geist, mein bess'res

Ich!

Freisinn.

Aus dem Westöstlichen Divan von W. von Goethe.

Lasst mich nur___ auf mei_nem Sat _ tel gel _ ten! Bleibt in eu _ ren Hüt_ten, eu_ren Zel _ ten! Und ich rei _ te froh in al _ le Fer _ ne, ü _ ber mei _ ner Mü _ tze nur die Ster _ ne. Er hat euch die Ge _ stir _ ne ge _ setzt als

Lei _ ter zu Land und See; da_mit ihr euch da_ran_ er_götzt, stets blickend in die Höh'.

Lasst mich nur_ auf mei_nem Sat _ tel gel _ ten! Bleibt in eu _ ren Hütten, euren Zel _ ten! Und ich rei _ te froh in al _ le Fer _ _ ne, ü _ ber mei_ner Mü_tze nur die Ster_ne.

Der Nussbaum.

J. Mosen.

lin _ de Win _ de kom _ _ men, sie herz _ lich zu um _ fahn.

Es flü_stern je zwei zu zwei gepaart,

nei _ gend, beu _ gend zier _ lich zum

Kus _ se dieHäupt _ chen zart. Sie

riten.

27

flü_stern von ei _ nem Mägd _ lein, das däch _ te die Näch _ te und

Ta _ _ _ ge lang, wüss _ te,ach! sel _ ber nicht was.

ritard.

Sie flü _ stern, sie flü _ stern,__

wer mag verstehn so gar lei _ se Weis'?

flü _ _ stern vom Bräut' _ gam und näch _ _ stem Jahr, vom näch _ stem Jahr. Das Mägd' _ lein hor _ _ chet, es rauscht im Baum; seh _ nend, wäh _ nend sinkt es lä _ chelnd in Schlaf und Traum.

Jemand.

R. Burns. (Deutsch von W. Gerhard.)

№ 4.

Innig, auch leidenschaftlich.

Mein Herz ist be_trübt, ich sag' es nicht, mein Herz ist be_trübt_ um Je_mand; ich könn_te wachen die läng_ste Nacht, und_ im_mer träu_men von Je_mand. O Won_ne von Je_mand! o Him_mel von Je_mand! durch_strei_fen könnt' ich die gan_ze Welt, aus Lie_be zu Je_mand. Ihr

langsamer. *ritard.*

Mäch_te, die ihr der Lie_be hold, o lä_chelt freund_lich auf Je_mand, be_schir_met

ihn, wo Ge_fah_ren drohn; gebt si_cher Ge_lei_te dem Je___mand. O Won_ne dem

Je_mand, o Him_mel dem Je_mand, ich wollt', ich woll_te, was wollt' ich nicht für

mei_nen, mei_nen Je_mand!

Lieder.

Aus dem Schenkenbuch im Westöstlichen Divan von W. von Goethe.

№ 5.   I.

Sitz' ich al _ lein, wo kann ich bes _ ser sein?

mei _ nen Wein trink' ich al _ lein; Nie _ mand setzt mir Schranken, ich

haß so mei _ ne eignen Ge _ dan _ ken. _ Sitz' ich al _ lein, wo kann ich bes _ ser sein?

wo kann es bes _ ser sein, besser sein, bes _ ser sein?

Nach Belieben Da Capo zu singen von 𝄋 an.

№ 6.

Rasch.

Se _ tze mir nicht, du Gro _ bi _ an, mir den Krug so derb vor die Na _ se! Wer mir

Wein bringt, sehe mich freundlich an, sonst trübt sich der Eilfer im Gla _ se. _____ Du

ritard.

Etwas langsamer.

lieb _ li _ cher Kna _ be, du komm her _ ein, was stehst du denn da auf der Schwel _ le?

Etwas langsamer.

Du sollst mir künf _ tig der Schenke sein, jeder Wein ist schmackhaft und hel _ le.

Die Lotosblume.

H. Heine.

№ 7.

Ziemlich langsam.

Die Lo _ tos _ blu _ me äng _ stigt

sich vor der Son _ ne Pracht,

und mit ge _ senk _ tem Haup _ te er _

war _ tet sie träumend die Nacht. Der Mond der ist _ ihr Buh _ le, er

weckt sie mit sei _ nem Licht, und ihm ent_schlei_ert sie freund _ lich -ihr

from _ mes Blu_men_ge _ sicht. Sie blüht und glüht und leuch _ tet, und

nach und nach schneller _

star _ ret stumm in die Höh'; sie duf_tet und wei_net und zit_tert vor

ritard.
p

Lie_be und Lie _ bes_weh, vor Lie_be und Lie _ bes_weh.

ritard.

Talismane.

Aus dem Westöstlichen Divan von W. von Goethe.

No 8.

Feierlich, nicht zu langsam.

Got_tes ist der O_ri_ent! Got_tes ist der Oc_ci_dent!

Nord-und süd_li_ches Ge_lände ruht im Frieden sei_ner Hän_de. Er, der ein_zi_ge Ge_

rech_te, will für Je_dermann das Rech_te. Sei,von sei_nen hun_dert Na_men, die_ser hoch_ge_lo_bet!

A_men. Got_tes ist der O_ri_ent! Got_tes ist der Oc_ci_dent!

Mich ver_wir_ren will_das Ir_ren; doch du weisst mich zu___ent_

wir_ren. Wenn ich hand_le, wenn ich dich_te, gieb du mei_nem Weg die Rich _ te!

Got_tes ist der O_ri_ent! Got_tes ist der Oc_ci_dent! Nord-und süd_liches Ge_

lände ruht im Frieden sei_ner Hän_de. A _ men! A _ men!

Lied der Suleika.

Aus dem Westöstlichen Divan von W. von Goethe.

№ 9.

Ziemlich langsam.

Wie, mit in_nig-stem Be_ha_gen, Lied, em_pfind' ich dei_nen

Sinn! Lie_be_voll du scheinst zu sa_gen: dass ich

ihm zur Sei_te bin, zur.Sei_te bin. Dass er e_wig mein ge_

nach und nach schneller _ _ _

den_ket, sei_ner Lie_be Se_lig_keit_ im_mer_

nach und nach schneller _ _ _

dar der Fer _ nen schen_ket, die ein Le _ ben ihm_ ge_weiht.

Ja, mein Herz, es ist der Spie_gel, Freund, wo_rin du dich___ erblickst;

Brust, wo dei _ ne Sie _ gel Kuss auf Kuss, Kuss auf Kuss her_ein ge_

drückt. Sü_sses Dich_ten, lau_tre Wahrheit fes_selt mich in Sym_pa_

Die Hochländer-Wittwe.

R. Burns.(Uebersetzung von W. Gerhard.)

No 10.

Rasch, nach und nach heftig.

Ich bin ge-kom-men in's Nie-der-land, o weh, o weh, o weh!__ So aus-ge-plündert ha-ben sie mich, dass ich vor Hun-ger ver-geh'.__ So war's in mei-nem Hochland nicht, o weh, o weh, o weh!__ Ein hoch-be-glück-ter Weib als ich, war nicht auf Thal und Höh',__ denn da-mals hatt' ich zwanzig Küh', o weh, o weh, o weh!__ die ga-ben Milch und But-ter mir, und

wei-de-ten im Klee,____ und sechs-zig Scha-fe hatt' ich dort, o weh, o weh, o weh!____ die

wärm-ten mich mit wei-chem Vliess, bei Frost und Win-ter-schnee.____ Es konn-te Kein' im gan-zen Clan sich

grö-ssern Glü-ckes freu'n;____ denn Do-nald war der schön-ste Mann, und Do-nald, der war mein.____ So

blieb's,__ so blieb's bis Char-lie Stu-art kam, Alt-Schott-land zu__ be-frei'n,____ da muss-te Do-nald

sei_nen Arm ihm und dem Lan_de leih'n.__ Was sie be_fiel, wer weiss es nicht? dem Un_recht wich das

Recht__ und auf Cul_lo_dens blut'_gem Feld er_la_gen Herr und Knecht.__ O dass ich kam in's

Nie_der_land, o weh, o weh, o weh!__ nun giebts kein un_glück_sel'_ger Weib vom Hoch_land bis zur

Seel

Lieder der Braut.

Aus dem Liebesfrühling von F. Rückert.

№ 11.

I.

Mut _ ter, _____ Mut _ ter! glau _____ be nicht, weil ich ihn lieb _ al _____ so sehr, dass nun Lie _ be mir ge_bricht,dich zu lie _ ben,wie vor_her. Mut _ ter, Mut _ ter! seit ich ihn lie _ be, lieb ich erst dich sehr, lass mich an ___ mein Herz dich ziehn,

und dich küs_sen, wie ___ mich er, wie mich er, wie er. ___ Mut _ ter, ___

Mut _ ter! seit ___ ich ihn lie _ _ be, lieb ich

erst ___ dich sehr, dass du mir das Sein ver_lieh'n, das mir ward zu sol _ chem

Glanz, das mir ward zu sol_chem, sol _ chem Glanz.

№ 12.

Larghetto.

Lass mich ihm am Bu_sen han_gen, Mut_ter,

Mut_ter! lass__ das Ban_gen. Fra_ge nicht: wie soll sich's wen_den? Fra_ge nicht, wie

soll das en_den? En_den? en_den soll sich's nie, wen_den? noch nicht weiss ich,__

wie! Lass mich ihm am Bu_sen han_gen, lass mich!

Hochländers Abschied.

R. Burns.

Mein Herz ist im Hoch_land, mein
Leb' wohl, mein Hoch_land, mein

Herz ist nicht hier, mein Herz ist im Hoch_land, im Wal_des_re_vier. Dort
hei_mi_scher Ort, die Wie_ge der Frei_heit, des Mu_thes ist dort. Wo_

jagt es den Hirsch und ver_fol_get das Reh, mein Herz ist im
hin ich auch wand'_re, wo im_mer ich bin, auf die Berg', auf die

Hoch_land wo_hin ich auch geh'. Lebt
Ber_ge zieht es mich hin.

47

wohl, ihr Ber_ge, be _ de _ cket mit Schnee, lebt wohl ihr Thäler voll Blumen und Klee, lebt

wohl ihr Wäl_der, be_moostes Ge_stein, ihr stür_zen_den Bächlein im far_bi_gen Schein!

Mein Herz ist im Hoch_land,mein Herz ist nicht hier, mein Herz ist im

Hoch_land, im Wal_des_re_vier, dort jagt es den Hirsch und ver_fol_get das Reh, mein

Herz ist im Hoch_land wo_hin ich auch geh'.

Hochländisches Wiegenlied.

R. Burns.

№ 14.

1. Schla _ fe, sü _ sser klei _ ner Do _ nald; E _ ben _ bild _ des
2. Schelm, hast Aeug _ lein schwarz wie Koh _ len; wenn du gross bist
3. Darfst in Nie _ der _ land nicht feh _ len; dort, mein Büb _ chen,

gro _ ssen Ro _ nald! Wer ihm klei _ nen Dieb _ ge _ bar, weiss der ed _ le
stiehl _ ein Foh _ len; geh' die Eb _ ne ab _ und zu, brin _ ge heim 'ne
magst _ du steh _ len; stiehl dir Geld und stiehl _ dir Glück, und in's Hoch _ land

Clan auf's Haar, weiss der ed _ le Clan auf's Haar!
Car _ lisle Kuh, brin _ ge heim 'ne Car _ lisle Kuh!
komm zu _ rück, und in's Hoch _ land komm zu _ rück!

49

Aus den hebräischen Gesängen.

G. Byron.

№ 15.

Sehr langsam.

die _ se Tö _ _ ne her, und birgt mein trock _ nes

Au _ ge Zäh _ ren, sie flie _ ssen und mich brennt's_ nicht

mehr.

p

ritard.- - -

p

p

Nur tief sei,

wild der Tö _ ne Fluss und von der Freu _ _ de weg _ _ ge _

keh_ret!   Ja, Sänger, dass ich wei _ nen muss, sonst wird ___ das schwere Herz ver_zeh _ ret.

Denn sieh, vom Kum _ mer ward's ge_

näh _ ret, mit stum _ mem Wa _ chen trug ___ es lang, und jetzt, und

jetzt, vom Aeu _ ssersten be_leh _ ret, da brech' es o _ der heil' im

Sang.

Räthsel.

G. Byron.

№ 16.

Gut zu declamiren.

Es flü_stert's der Himmel, es murrt es die Höl_le, nur schwach klingt's nach in des E_cho's Wel_le, und kommt es zur Fluth, so wird es stumm, auf den Höh'n, da hörst du sein zwie_fach Ge_summ. Das Schlach_ten_gewühl liebt's, flie_het den Frie_den, es ist nicht Män_nern noch Frau_en be_schie_den, doch jeg_li_chem Thier, nur musst du's se_ci_ren, doch

53

jeg - li_chem Thier, nur musst du's se_ci_ren. Nicht ist's in der Po _ e _

sie zu erspüren, die Wis_senschaft hat es, die Wis_senschaft hat es, vor al_lem sie,— vor

al_lem sie, der Got_tes_ge_lahrt_heit und Phi_lo_sophie.

Bei den Hel_den führt es den Vor_sitz im_mer, doch man_gelt's den Schwachen, auch

in _ nerlich nimmer, es fin _ det sich rich _ tig in je _ dem Haus, denn lie _ sse man's fehlen, so wär' es aus. In Grie_chen_land klein, an der Ti _ ber Borden _ ist's grö _ sser, am grössten in Deutsch_land geworden. Im Schat _ ten birgt sich's, im Blüm _ chen auch, du hauchst es täg _ lich, es ist nur ein (was ist's?) Es ist nur ein

*) Der Musiker glaubt durch Verschweigen der letzten Silbe sich deutlich genug ausgesprochen zu haben.

Zwei Venetianische Lieder.

Th. Moore. (Uebersetzung von F. Freiligrath.)

I.

№ 17.

Heimlich, streng im Takt.

Leis' ru_dern hier, mein Gon_do_lier, leis', leis'! Die Fluth vom Ruder sprühn so lei_se lass, dass sie uns nur ver_nimmt, zu der wir ziehn: O könn_te wie er schau_en kann, der Him_mel reden, traun, er sprä_che vie_les wohl von dem, was Nachts die Ster_ne schau'n. Leis', leis', leis', leis'!

Nun ra_sten hier, mein Gon_do_lier, sacht, sacht! In's Boot die Ruder, sacht, sacht, auf zum Bal_ko_ne schwing' ich mich, doch du hältst unten Wacht; o woll_ten halb so eif_rig nur dem Him_mel wir uns weih'n, als schö_ner Wei_ber Dien_sten, traun, wir könn_ten En_gel sein! Sacht, sacht, sacht, sacht!

Nº 18.

Munter, zart.

1. Wenn durch die Pi_a_zet_ta die A_bend_luft weht, dann

Schif_fer_kleid trag'_ich zur sel_bi_gen Zeit, und

weisst du, Ni_net_ta, wer war_tend hier steht. Du weisst wer trotz

zit_ternd dir sag'_ich: das Boot liegt be_reit. O komm, wo den

Schlei_er und Mas_ke dich kennt, wie A_mor die Ve_nus am

Mond_noch Wol_ken um_zieh'n, lass durch die La_gu_nen, mein

Nacht - fir - ma - ment.

Le - ben, uns flieh'n!

rit.

p

1.

2.

2.Ein

Hauptmann's Weib.

R.Burns.

№ 19.

Keck.

Hoch zu Pferd! Stahl auf zar_tem Lei_be, Helm und Schwert

ziemen Hauptmanns Wei_be! Tö_net Trommelschlag un_ter Pulverdampf,

siehst du blut_gen Tag und dein Lieb im Kampf.   Schla_gen wir den Feind, kü_

_ssest du den Gat_ten, wohnst mit ihm ver _ eint in___ des Frie_dens Schat_ten.

Hoch zu Pferd!   Stahl auf zar_tem Lei _ be, Helm und Schwert zie_men Haupt_manns Wei_be!

Weit, weit.

R.Burns.

№ 20.

Ziemlich langsam.

1.Wie kann ich froh und
2.Was küm_mert mich des
3. Er hat die Handschuh

mun_ter sein und flink mich drehn bei mei_nem Leid? Der schmucke Jun_ge,
Win_ters Frost, und ob__ es draussen stürmt und schneit? Im Au_ge blinkt die
mir geschenkt,das bun_te Tuch,das seid_ne Kleid: Doch er, dem ich's__ zur

der mich liebt, ist ü_ber die Ber_ge weit, weit, ist ü_ber die Ber_ge weit, weit!
Thrä_ne mir, denk ich an ihn, der weit, weit, denk ich an ihn, der weit, weit!
Eh_re trag; ist ü_ber die Ber_ge weit, weit, ist ü_ber die Ber_ge weit, weit!

„Was will die einsame Thräne?"

H. Heine.

Nº 21.

Ziemlich langsam, mit inniger Empfindung.

Was will die ein-sa-me Thrä-ne? sie trübt mir ja___ den

Blick. Sie blieb aus al_ten Zei_ten in mei-nem Au_ge zu_rück. Sie

hat_te viel' leuch_ten_de Schwe_stern, die al_le zer_flo_ssen sind, mit

mei_nen Qua_len und Freu_den, zer_flo_ssen in Nacht und Wind. Wie

Ne_bel sind auch__ zer_flo__ssen die blau_en Ster_ne_lein, die

mir je_ne Freu_den und Qua_len ge_lä_chelt in's Herz hin_ein. Ach, mei_ne Lie_be

sel_ber zer_floss wie ei_tel Hauch! Du al_te, ein_sa_me Thrä_ne, zer_

flie_sse jetz_un_der auch!

Niemand.

R. Burns. (Seitenstück zu „Jemand" Nº 4.)

Nº 22.

Frisch.

1. Ich haß mein Weib al_lein, und theil' es, traun, mit Niemand,
2. Ich bin nicht Andrer Herr, und un_ter_thä_nig Niemand,

nicht Hahn_rei will ich sein, zum Hahn_rei mach' ich Niemand. Ein Säck_chen Gold ist mein, doch
doch mei_ne Klin_ge sticht, ich fürch_te mich vor Niemand. Ein lust'_ger Kautz bin ich, kopf_

da_für dank' ich Nie_mand, nichts haß ich zu ver_leih'n und bor_gen soll mir Nie_mand.
hän_ge_risch mit Nie_mand, schiert Nie_mand sich um mich, so scher' ich mich um Nie_mand.

Ped. ✳ Ped. ✳ Ped. ✳ Ped. ✳

Im Westen.

R. Burns.

№ 23.

Einfach.

Ich schau' ü_ber Forth, hin _ ü_ber nach Nord: was hel_fen mir Nord und Hoch_lands Schnee? Was

O_sten und Süd, wo die Son _ ne glüht, das fer _ ne Land und die wil_de See? Aus

We _ sten winkt, wo die Son _ ne sinkt, was mich im Schlummer und Trau_me be_glückt. Im

We _ sten wohnt, der mir Lie _ be lohnt, mich und mein Kindlein an's Herz gedrückt.

„Du bist wie eine Blume."

H.Heine.

No. 24.

Du bist ____ wie ei _ ne Blu _ me, so schön, so rein, ___ und

hold; ich schau'dich an und Weh_muth schleicht mir in's Herz hin_ein Mir

ist, ____ als ob ich die Hän_de auf's Haupt dir le _ gen sollt', betend, dass Gott dich er_

halte so schön, so rein und hold.

Aus den östlichen Rosen.

F. Rückert.

№ 25.

Ich sen_de ei_nen Gruss wie Duft der Ro_sen,

ich send' ihn an_ ein Ro_sen_an_ge_sicht. Ich

sen_de ei_nen Gruss wie Früh_lings_ko_sen, ich send' ihn an__ ein

Aug' voll Früh_lingslicht. Aus Schmer_zen_stür_men, die mein Herz durch_

Zum Schluss.

F. Rückert.

№ 26.

Adagio.

Hier in die_sen erd_beklomm_nen Lüf_ten, wo_ die Weh_muth thaut, hab' ich dir den

un_voll_komm_nen Kranz ge_floch_ten, Schwe_ster Braut! Wenn uns, dro_ben auf_ge_nom_men,

Got_tes Sonn' ent_ge_gen schaut, wird die Lie_be den voll_komm_nen Kranz uns flech_ten,

Schwe_ster Braut!

Zwölf Gedichte von Justinus Kerner, Op. 35

№ 1.

Lust der Sturmnacht.

Rei _ ches Le _ ben, hab' Er _ bar _ men, halt' mich

fest in lin_den Ar_men! Len _ zes _ blu _ men auf _ wärts drin _ gen, Wölk _ lein zieh'n und Vög _ lein

sin _ gen. En _ de nie, du Sturmnacht, wil _ de! Klirrt ihr Fen _ ster, schwankt ihr Schilde, bäumt euch

Wäl _ der, braus' o Wel _ le, mich um _ fängt des Him _ mels Hel _ le, mich um _ fängt des Him _ mels

Hel _ le!

ritard.

„Stirb, Lieb' und Freud'!"

Nº 2.

Langsam.

Zu Augs - burg steht ein ho - hes Haus, nah bei dem al - ten

Dom, da tritt am hel - len Mor - gen aus ein - Mäg - delein gar

fromm; Ge - sang erschallt, zum Do - me wallt - die

lie - be, die lie - be Ge - stalt. Dort vor Ma - ri - a's hei - lig Bild sie -

be - tend nie - der kniet, der Him - mel hat ihr Herz er - füllt und -

Kränz_lein licht im_ Haar. Das Mägd'_lein a_ber wallt_ nicht weit, tritt_

vor_ den Hoch_al_tar: „Zur Non_ne weih't mich ar_me Maid,

stirb Lieb' und Freud'!" Gott gieb, dass die_ses Mägd_lein ihr

Kränzlein friedlich trag', es ist die Herz_al_ler_lieb_ste mein, bleibt's bis zum jüng_sten Tag. Sie

weiss es nicht, mein Herz_zer_bricht, stirb, Lieb' und Licht!

№ 3.

Sehr lebhaft.

Wohl _ auf noch ge_trun_ken den fun_keln_den Wein! A _ de nun ihr Lie _ ben, ge _ schie_den muss sein; A _ de nun ihr Ber _ ge, du vä _ ter_lich Haus! Es treibt in die Fer _ ne mich mäch _ tig hin_aus!

Die Son _ ne, sie blei _ bet am Him_mel nicht steh'n, es treibt sie durch Län _ der und Mee _ re zu geh'n; die Wo _ ge nicht haf _ tet am ein _ samen Strand, die Stür _ me, sie brau _ sen mit

Macht durch das Land!_____ Mit ei _ len_den Wol_ken der

Vo _ gel dort zieht und singt in der Fer _ ne ein hei _ mathlich Lied. So treibt es den Bur_schen durch

Wälder und Feld, zu glei_chen der Mut _ ter, der wan _ dern _ den Welt!_____

Etwas langsamer.

Da grüssen ihn Vö _ gel be_kannt überm Meer, sie flo_gen von Flu_ren der Heimath hie_her, da

duf _ ten die Blu_men ver _ trau_lich um ihn, sie trie_ben vom Lan_de die Lüf _ te da_hin. Die

Vö _ gel, die ken _ nen sein vä _ ter _ lich Haus, die Blu _ men, die pflückt er der Lie _ be zum Strauss. Und

Lie _ be die folgt ihm, sie geht ihm zur Hand: so wird ihm zur Hei _ math das fer _ ne _ ste Land, so

wird ihm zur Hei _ math das fer _ ne _ ste Land. Wohl _

I^stes Tempo.

auf noch getrun _ ken den fun _ keln _ den Wein! A _ de nun ihr Lie _ ben, ge _ schie _ den muss sein; A _

de nun ihr Ber _ ge, du vä _ ter _ lich Haus! Es treibt in die Fer _ ne mich mäch _ tig hin _ aus, es

a tempo

treibt in die Fer - ne mich mäch - tig hinaus!

a tempo

№ 4. Erstes Grün.

Einfach.

Du jun - ges Grün, du fri - sches Gras, wie man - ches Herz durch

dich ge - nas, das von des Win - ters Schnee erkrankt, o wie mein Herz nach dir ver - langt!

Schon wächst du aus der

Er _ de Nacht, wie dir mein Aug' ent _ ge _ gen lacht! Hier in des Wal _ des stil _ lem Grund,

drück' ich dich Grün an Herz und Mund!

Wie treibt's mich von den Men _ schen fort! Mein Leid, das hebt kein

Men _ schen wort; nur jun _ ges Grün an's Herz gelegt, macht, dass mein Her _ ze stil _ ler schlägt.

Sehnsucht nach der Waldgegend.

Innig, phantastisch.

Wär' ich nie aus euch ge-gan-gen, Wäl-der, hehr und wun-der-bar! Hiel-tet lie-bend mich um-fan-gen doch so lan-ge, lan-ge Jahr'! Wo in eu-ren Däm-me-run-gen Vo-gel-sang und Sil-ber-quell ist auch man-ches Lied ent-sprungen meinem Bu-sen frisch und hell. Eu-re Wo-gen, eu-re Hal-len, eu-er Säu-seln nimmer müd', eu-re Me-lo-die-en al-le weck-ten

in der Brust das Lied. Hier in die _ _ sen wei _ ten Trif _ ten ist mir

al _ _ les öd' und stumm, und ich schau' in blau _ en Lüf _ ten mich nach

ritard. _ _ _ _   *p*

Wolken bil _ dern um. Wenn ihr's in _ den Bu _ _ sen zwin _ get,

regt sich sel _ ten nur _ das Lied: wie der Vo _ gel halb nur sin _ get, den von

Baum und Blatt man schied. _

Auf das Trinkglas eines verstorbenen Freundes.

Nº 6.

Ernst, ziemlich langsam.

Du herr_lich Glas, nun stehst du leer, Glas, das er oft mit Lust ge_ho_ben;

die Spin_ne hat rings um dich her in_dess_ den dü_stren Flor ge_wo_ben.

Jetzt sollst du mir ge_fül_let sein mond_hell mit Gold der deut_schen Re_ben!

In dei_ner Tie_fe heil'_gen Schein schau' ich hin_ab mit frommem Be_ben.

Was ich erschau' in dei_nem Grund ist nicht Gewöhn_li_chen zu nen_nen. Doch wird mir klar zu

die_ser Stund', wie nichts den Freund vom Freund kann trennen. Auf die_sen Glauben, Glas so hold! trink' ich dich aus mit

ho_hem Mu_the. Klar spie_gelt sich der Ster_ne Gold, Po_kal,_ in dei_nem theu_ren Blu_te!

Still geht der Mond das Thal ent_lang.

Ernst tönt die mit_ternächt'ge Stun_de. Leer steht das Glas! der

Wanderung.

№ 7.

Frisch, die Begleitung leicht und zart.

Wohl _ auf und frisch ge _ wan _ dert in's un _ bekann _ te Land! Zer _ ris _ sen, ach! zer _ ris _ sen ist man _ ches theu _ re Band.

Ihr hei _ math _ li _ chen Kreu _ ze, wo ich oft be _ tend lag, _ ihr Bäu _ me, ach! ihr

Hü_gel, o blickt mir seg_nend nach.__ Noch schläft die wei_te Er__de, kein Vo_gelweckt den Hain, doch bin ich nicht ver_las_sen, doch bin ich nicht al_lein,__ denn ach! auf mei_nem Her_zen trag'ich ihr theu_res Pfand,__ ich fühl's und Erd' und Him_mel sind in_nig mir ver_wandt,__ sind in_nig mir verwandt.

Stille Liebe.

Könnt' ich dich in Liedern prei_sen, säng' ich dir das läng_ste Lied, ja ich würd' in al_len

Wei_sen dich zu sin_gen nim_mer müd'.

Doch was im_mer mich be_trüb_te, ist, dass ich nur im_mer stumm tra_gen

kann dich, Herz _ ge _ lieb _ te! in des Bu _ sens Hei _ lig _ thum.

Die _ ser Schmerz hat mich be _

zwun _ gen, dass ich sang dies klei _ ne Lied, doch von bit _ term Leid durch _

drun _ gen, dass noch keins auf dich ge _ rieth.

Frage.

Langsam, innig.

Wärst du nicht, heil'ger A_bend_schein! wärst du nicht, stern_er_hell_te Nacht! du Blü_thenschmuck! du_ üpp'_ger Hain! und du, Ge_birg' voll ern_ster Pracht! du Vo_gel_sang aus Him_meln hoch! du, Lied aus vol_ler Men_schenbrust, wärst du nicht, ach, was füll_te noch in ar_ger Zeit ein Herz mit Lust?

Stille Thränen.

№ 10.

Sehr langsam.

Du bist vom Schlaf erstanden und wandelst durch die Au', da liegt ob allen Landen der Himmel wunderbar. blau. So lang du ohne Sorgen

ge schlum _ _ _ mert schmer _ _ zen los,_____ der

Him _ _ mel bis_____ zum Mor _ gen   viel Thrä _ _nen

nie _ _ _ der goss._____ In stil _ _ len Näch _ _ ten

wei _ net   oft man _ _ cher aus_____ den Schmerz,_____

_ und Mor _ _ gens dann,_____ ihr mei _ _net,_____

Alte Laute.

Dieselbe Weise.

Hörst du den Vogel singen? Siehst du den Blüthenbaum? Herz, kann dich das nicht bringen aus deinem bangen Traum? Was hör' ich? alte Laute wehmüth'ger Jünglingsbrust der Zeit, als ich vertraute der Welt und ihrer Lust. Die Tage sind vergangen, mich heilt kein Kraut der Flur, und aus dem Traum, dem bangen, weckt mich ein Engel nur.

Sechs Gedichte von Reinick, Op. 36

Sonntags am Rhein.

Ständchen.

Nº 2.

Nicht zu schnell.

1. Komm' in die stil_le Nacht, Lieb_chen, was
2. Lieb_chen, was zö_gerst du? Schon sind die

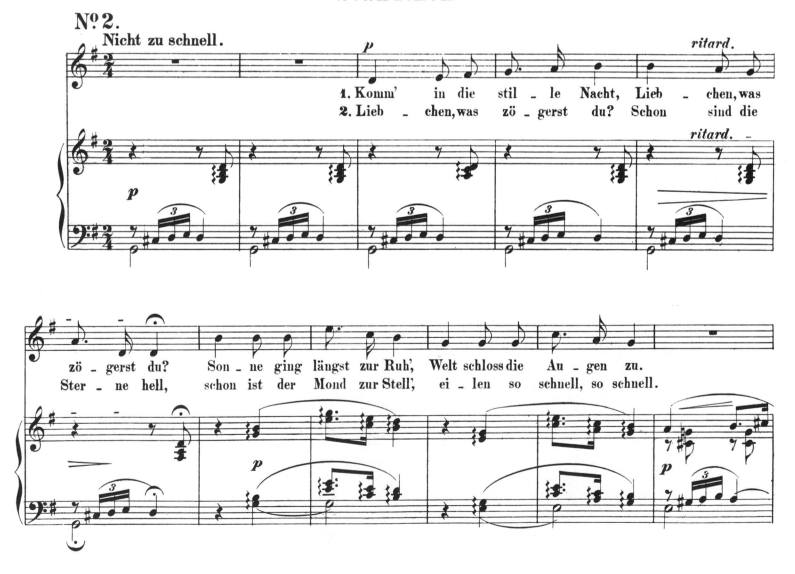

zö_gerst du? Son_ne ging längst zur Ruh', Welt schloss die Au_gen zu.
Ster_ne hell, schon ist der Mond zur Stell', ei_len so schnell, so schnell.

Rings nur ein _ zig die Lie _ be wacht!
Lieb _ chen, mein Lieb _ chen, drum eil' auch du!

3. Ein _ zig die Lie _ be wacht, ruft dich all _ ü _ ber _ all! Hö _ re die

Nach _ ti _ gall, hör' mei _ ner Stim _ me Schall, Lieb _ chen, o komm' in die stil _ le

Nacht!

Nichts Schöneres.

könn_te sein als so an dei_nem ro_then Mund sich satt zu küs_sen al_le Stund'.

Da hab' ich denn so lang' geküsst, bis du mein Weibchen wor_den bist, und kann nun wohl ver_si_chert sein, dass noch was Schön'res nicht kann sein

als wie mit sei_nem lie_ben Weib zu sein so ganz ein' Seel' und Leib, ein' Seel' und Leib, zu sein so ganz ein' Seel' und Leib.

An den Sonnenschein.

Im Volkston.

O Son_nenschein, o Son_nenschein! wie scheinst du mir in's Herz hin_ein, weckst drin_nen lauter Lie_bes_lust, dass mir so en_ge wird die Brust. Und en_ge wird mir Stub' und Haus. und wenn ich lauf' zum Thor hin_aus, da lockst du gar in's fri_sche Grün die al_ler_schönsten Mäd_chen hin, die al_ler_schönsten

Mäd _ chen! O Son _ nenschein, du glau_best wohl, dass

ich wie du es_ ma_chen soll, der je _ de schmucke Blu _ me küsst, die_ e _ ben nur sich

dir erschliesst. Hast doch so lang die Welt er_blickt, und weisst, dass sich's für mich nicht schickt.

Was machst du mir denn sol _ che Pein? O Son _ nenschein,o Son _ nenschein!

Dichters Genesung.

Im Anfang nicht zu rasch, nach und nach lebendiger.

Und wie_der hatt' ich der Schön_sten gedacht, die nur in

Träu_men bis_her ich ge_se_hen; es trieb mich hin_aus in die

lich_te Nacht,durch stille Grün_de musst' ich ge_hen. Da auf ein_mal glänz_te das

Thal, schau_rig als wär' es ein Gei_ster_saal. Da rausch_ten zusam_men zur

Tanz_me_lo_dei der Strom und die Win_de mit Klin_gen und Zi_schen, da

weht' es im flüch_ti_gen Zu_ge her_bei aus Fel_sen und Thale, aus Wel_len und Büschen, und im

Nach und nach belebter.

Mondesglanz ein wei_sser Kranz tanzten die El_fen den Rei_gentanz.

Nach und nach belebter.

Und

mit_ten im Kreis ein luf_ti_ges Weib, die Kö_ni_gin war es, ich hör_te sie sin_gen:

„Lass ab von dem schweren ir_dischen Leib, lass ab von den thö_richten

ir-'dischen Dingen!" Nur im

Mon-denschein ist Le-ben al-lein! Nur im Träu-men zu schwe-ben ein

e-wi-ges Sein. Ich bin's die in Träu-men dich oft ge-seh'n, ich bin's die als Liebchen du

oft be-sungen, ich bin es, die El-fen-kö-ni-gin, du woll-test mich schauen, es

ist dir ge-lungen. Nun sollst du mein auf e-wig sein, komm' mit, komm' mit in den

Liebesbotschaft.

N⁰ 6.

Sin _ gen noch Mor _ gen _ träu _ me sie ein,   schwebet lei _ se zum Gar _ ten hin _ ein,

sen _ ket als Thau euch in schat _ ti _ ge Räu _ me, streu _ et Per _ len auf Blu _ men und Bäume,

dass der Hold _ se _ li _ gen, kommt sie gegan _ gen,

all' die fröh _ li _ chen Blü _ then sich öff _ nen mit lich _ te _ rem

ritard.

Prangen. Und am A_bend in stil _ ler Ruh' brei_tet der sin_kenden Son_ne euch zu,

mögt mit Pur_pur und Gold euch ma _ len, mögt in dem Mee _ re von Glu_then und Strahlen

leicht sich schwingende Schiff _ lein fah_ren, dass sie

sin_gen_de En_gel glaubt auf euch zu ge_wah_ren. Ja, wohl möch_ten es En _ gel sein, wär' mein

Herz gleich ih_rem, gleich ih_rem rein; all' mei_ne Wün_sche, mein Hof_fen und Sin _ gen

zieht ja da_hin auf eu' ren Schwingen, euch, ihr Flüch_ti_gen, hin _ zu_len_ken,

euch, ihr Flüch_ti_gen, hin _ zu_lenken zu der Züch_ti_gen, zu der Züch_ti_gen, der ich ein_zig nur mag ge_

den_ken, der ich ein_zig nur mag ge _ den_ken!

ritard.

ritard.

ritard.

ritard.

ritard.

ritard.

Liederkreis [Eichendorff], Op. 39

№ 1.

In der Fremde.

auch, da ru _ _ he ich auch und ü _ ber mir rauscht die schö _ _ ne Wald _ ein _ sam _ keit, _____ die schö _ ne Wald _ ein_sam _ keit, und Kei _ ner kennt mich mehr hier, und Kei _ ner kennt mich mehr hier.

Intermezzo.

No. 3. Waldesgespräch.

115

Die Stille.

Nicht schnell, immer sehr leise.

Es weiss und räth es doch Kei_ner, wie mir so wohl ist, so wohl! Ach!

wüsst' es nur Ei_ner, nur Ei_ner, kein Mensch es sonst wis_sen sollt'! So

still ist's nicht draussen im Schnee, so stumm und ver_schwie_gen sind die

Ster_ne nicht in der Höh', als mei_ne Ge_danken sind. Ich wünscht', ich wär' ein

Etwas lebhafter.

Vög_lein und zö_ge ü_ber das Meer, wohl ü_ber das Meer und weiter, bis

Erstes Tempo.

dass ich im Him_mel wär'. Es weiss und räth' es doch Kei_ner, wie mir so wohl ist, so

wohl, ach! wüsst' es nur Einer, nur Ei_ner, kein Mensch es sonst wis_sen sollt', kein

ritard.

Mensch es sonst wis_sen sollt'.

117

Mondnacht.

Zart, heimlich.

p

Es war, als hätt' der Him _ mel die Er _ de still _ ge_küsst,

dass sie im Blü _ thenschim _ mer von ihm nur träu _ men müsst'. _

Die Luft ging durch die Fel _ der, die Aeh _ ren wog _ ten

sacht, es rausch - ten leis' die Wäl - der, so

stern - klar war die Nacht. *ritard.* Und mei - ne See - le

spann - te weit ih - re Flü - gel aus, flog durch die

stil - len Lan - de als flö - ge sie nach Haus.

Schöne Fremde.

Innig, bewegt.

Es rau_schen die Wi_pfel und schau_ern, als mach_ten zu die_ser Stund' um die halb ver_sun_kenen Mauern die al_ten Göt_ter die Rund'. Hier hin_ter den Myr_then_bäu_men, in heim_lich däm_mernder Pracht, _____ was sprichst du wirr, wie in Träu_men, zu mir, phan_ta_sti_sche

Nacht! _____ Es fun _ keln auf mich al _ le

Ster _ ne mit glü _ hen_dem Lie _ bes_blick, es

re _ det trun _ ken die Fer _ _ ne wie von künf _ ti_gem gro _ ssen

Glück!

Auf einer Burg.

Adagio.

Ein_ge_schla_fen auf der Lau_er o_ben ist der al_te Rit_ter, drü_ben ge_hen

Re_gen_schau_er und der Wald rauscht durch das Git_ter. Ein_ge_wach_sen Bart und Haa_re

und ver_stei_nert Brust und Krau_se sitzt er vie_le hun_dert Jah_re o_ben in der stil_len

Klau_se. Draussen ist es still und friedlich, al_le sind in's

Thal ge_zo_gen, Wal_des_vö_gel ein_sam sin_gen in den lee_ren Fen_ster_bo_gen,

Ei _ ne Hoch _ zeit fährt da un _ ten auf dem Rhein im Son _ nen _ schei _ ne,

ritard.

Mu _ si _ kan _ ten spie _ len mun _ ter, und die schö _ ne Braut, die wei _ _ net.

ritard.

N⁰ 8.

In der Fremde.

Zart, heimlich. *p*

mf

Ich hör' die Bäch _ lein rau _ schen im Wal _ de her und

hin, im Wal _ de, in dem Rau _ schen ich weiss nicht, wo ich bin. Die

Nach _ ti _ gal _ len schla _ gen hier in der Ein _ sam _ keit, als

ritard. Im
p

woll _ ten sie was sa _ gen von der al _ ten schö _ nen Zeit! Die
Im

Tempo.

Mon _ desschimmer flie _ gen, als säh' ich un _ ter mir das Schloss im Tha _ le

lie _ gen, und ist doch so weit von hier! Als müss _ te in _ dem Gar _ ten voll

ritard.

Ro _ sen weiss und roth meine Lieb _ ste auf mich war _ ten, und ist doch so lan _ ge

ritard.

todt, und ist doch lan _ ge todt, und ist doch lan _ ge todt.

ritard.

Wehmuth.

Zwielicht.

Dämm'rung will die Flü_gel sprei_ten, schau_rig rüh_ren sich die Bäu_me, Wol_ken zieh'n wie schwe_re Träu_me, was will die_ses Grau'n be_deu_ten? Hast ein Reh du lieb vor an_dern, lass es nicht al_lei_ne gra_sen,

Jä - ger zieh'n im Wald und bla - sen, Stimmen hin und wie - der wan - dern.

Hast du ei - nen Freund hie - nie - den, trau' ihm nicht zu die - ser Stun - de,

freund - lich wohl mit Aug' und Mun - de, sinnt er Krieg im tück' - schen Frie - den.

Was heut' ge - het mü - de un - ter, hebt sich mor - gen neu ge - bo - ren.

Manches geht in Nacht ver - lo - ren, hü - te dich, sei wach und mun - ter!

Im Walde.

Es zog ei_ne Hoch_zeit den Berg ent_lang,

ich hör_te die Vö_gel schla_gen,

da blitz_ten viel Rei_ter, das Wald_horn klang,

das war ein lu_sti_ges Ja_gen!

Und eh' ich's ge_dacht, war al_les verhallt. Im

Die Nacht be _ de _ cket die

Run _ de, Im Tempo. nur von den Ber _ gen noch rau _ schet der Wald, ___

und mich schau _ ert's im Her _ zens _ grun _ _ _ de,

und mich schau _ ert's _ im Her _ zens _ grun _ _ de.

Frühlingsnacht.

Ziemlich rasch. *Leidenschaftlich.*

Ue - ber'm Gar - - ten durch die Lüf - te hört' ich Wan-der-vö-gel zieh'n. das be - deu - tet Früh - lings-düf - te, un - ten fängt's schon an zu blüh'n. Jauch - zen möcht'ich, möchte wei - nen, ist mir's doch, als könnt's nicht sein! Al - le Wun - der wie - der

130

schei _ nen   mit dem Mon _ _ desglanz her _ ein.

Und der Mond, die Ster _ ne sa _ gen's, und im

Trau _ me rauscht's _ der Hain, und die Nach _ ti _ gal _ len

schla _ gen's: „Sie ist Dei _ _ ne, sie ist Dein!"

Frauenliebe und Leben, Op. 42

1.

lie _ _ ber wei _ nen still im Käm _ mer _ lein; seit ich ihn _ ge _ se _ hen,

glaub'ich blind zu sein.

pp   pp

2.

Innig, lebhaft.

Er, der Herrlichste von Al _ len, wie so mil _ de, wie _ so

p

Ped.   p

f   f

gut! Hol_de Lip_pen, kla_res Au _ ge, hel_ler Sinn und fe _ ster Muth.

p

So wie dort in blauer Tie _ fe, hell und herr _ lich, je _ ner Stern, al _ so Er _ _ _ an meinem

p   p

Him _ mel, hell und herr _ lich, hehr _ und fern.

Wand _ le, wandle deine Bahnen; nur be _ trach _ ten dei _ nen

Schein, nur in De _ muth ihn be _ trach _ ten, se _ lig nur und trau _ rig sein. _____

Hö _ re nicht mein stil _ les Be _ ten, dei _ nem Glü _ _ cke nur _____ ge _ weiht; darfst mich

nie _ d're Magd nicht ken _ nen, ho _ her Stern der Herr _ lich _ keit, _____ ho _ her

Stern der Herr_lich_keit! Nur die Wür _ digste von Al _ len darf be _ glü _ cken dei _ ne

Wahl,_____ und ich will die Ho _ he seg_nen vie_le tau _ _ send Mal. Will mich

freu _ en dann und wei _ nen, se _ lig, se_lig bin ich dann;_____ soll _ te mir das Herz auch

ritard.

bre _ chen, brich, o Herz, was liegt_ da _ ran?

Er, der Herrlichste von Al _ len, wie so mil _ de, wie_ so gut! Holde

Lip_pen, kla_res Au_ge, hel_ler Sinn und fe_ster Muth,___ wie so mil_de, wie so

ritard.

ritard.

gut!

Ped. ✳ Ped. ✳

3.

Mit Leidenschaft.

Ich kann's nicht fas_sen, nicht glau_ben, es hat ein Traum mich be_rückt;___ wie

ritard. **Etwas langsamer.**

hätt' er doch un_ter Al_len mich Ar_me er_höht und be_glückt? Mir war's, er ha_be ge_spro_chen:

ritard.

ich bin auf e_wig dein,___ mir war's, ich träume noch im_mer, es kann ja nimmer so sein,

ritard.

es kann ja nimmer so sein! O lass im Trau_me mich ster _ ben, ge _ wie_get an sei _ ner

Adagio. a tempo

Brust,_ den se _ ligsten Tod mich schlürfen in Thränen un _ end_li_cher Lust. Ich kann's nicht

fas_sen,nicht glauben, es hat ein Traum mich be _ rückt,_ wie hätt' er doch un _ ter Al_len mich

Ar_me er _ höht und be_glückt?

Ich kann's nicht fassen,nicht glau _ ben, es hat ein Traum mich be_rückt._

4.

Innig.

Du Ring an mei _ nem Fin _ ger, mein gol _ de _ nes Rin _ ge _ lein, ich drü _ cke dich fromm an die Lip _ pen, dich fromm an die Lip _ pen, an das Her _ ze mein. Ich hatt' ihn aus _ ge _ träu _ met, der Kind _ heit fried _ lich schö _ nen Traum, ich fand allein mich ver _ lo _ ren im ö _ den, un _ end _ li _ chen Raum. Du Ring an mei _ nem Fin _ ger, da hast du mich erst be _ lehrt, hast mei _ nem Blick er _ schlos _ sen des

Nach und nach rascher.

Le_bens un_end_li_chen, tie _ fenWerth. Ich will ihm die_nen,ihm le__ben, ihm

ritard.

an _ _ge_hö _ ren ganz, hin sel _ ber mich ge _ ben und fin _ den verklärt mich,und

ritard.

fin _ den verklärt mich in sei _ nemGlanz. Du Ring an mei_nem Fin _ ger, mein gol _ de_nes Rin _ ge_

lein, ich drü _ cke dichfromm an die Lip _ _pen, dich fromm an die Lip_pen, an das

Her _ ze mein!

139

5.

Ziemlich schnell.

mf

Helft mir, ihr Schwestern, freundlich mich schmücken, dient der Glücklichen

heu _ te, mir, win_det geschäf_tig mir um die Stir_ne noch_der blü_henden Myr _ the Zier.

Als ich be_frie_digt, freu_digen Her_zens sonst dem Gelieb_ten im Ar _ me lag, im _ mer noch rief er,

Sehnsucht im Her_zen, un _ ge_dul_dig den heu_ti_gen Tag. Helft mir, ihr Schwestern, helft mir verscheu_chen

ei _ ne thö_rig_te Ban _ gigkeit, dass ich mit kla _ rem Aug' ihn empfan _ ge, ihn, _ die Quelle der

Freu_dig_keit. Bist,mein Gelieb _ ter, du mir erschie _ nen, giebst du mir,Son _ ne, dei _ nen Schein?

lass mich in An _ dacht, lass mich in De _ muth, lass mich vernei _ gen dem Her _ ren mein.

Streu_et ihm, Schwestern, streu_et ihm Blu _ men, brin_get ihm knospende Ro _ sen dar.

A _ ber euch, Schwestern, grüss' ich mit Weh_muth, freu _ dig scheidend aus eu _ rer Schaar, freu _ dig scheidend aus

eu_rer Schaar.

6.

Langsam, mit innigem Ausdruck.

Sü _ sser Freund, du bli_ckest mich ver_wundert an, kannst es nicht be_greifen, wie ich weinen kann; lass der feuchten Per_len un_gewohnte Zier freudig hell er_zit_tern in dem Au_ge mir! Wie_ so bang mein Busen, wie so wonnevoll, wüsst' ich nur mit Worten, wie ich's sa_gen soll; komm und birg dein Ant_litz hier an meiner Brust, will in's Ohr dir flüstern al_le meine Lust. Weisst du nun die Thränen, die ich wei _ nen kann,

sollst du nicht sie se_hen, du ge_lieb_ter,gelieb _ ter Mann!

Lebhafter.

Bleib' an mei _ nem Her_zen, füh _ le des _ sen Schlag, dass ich fest und fe _ ster nur dich drü_cken

mag, fest und fe_ster!

Hier an meinem Bette hat die Wiege Raum,

wo_ sie still ver_ber_ge mei_nen hol_den Traum; kommen wird der Morgen,wo der Traum erwacht und da_

ritard.

raus dein Bildniss mir ent _ gegen lacht,

ritard.

Adagio.

dein Bildniss!

7.

145

8.

Adagio.

Nun hast du mir den er_sten Schmerz ge_than, der a_ber

traf. Du schläfst, du har_ter, un_barmherz'_ger Mann, den To_des_schlaf. Es

bli_cket die Ver_lass_ne vor sich hin, die Welt ist leer,— ist leer, ge_

lie_bet hab'ich und ge_lebt, ich bin nicht le_bend mehr; ich zieh'mich in mein Inn'_res

still zu‿rück, der Schlei _ er fällt, da hab' ich dich und mein ver‿lor‿nes Glück, du mei‿ne

Welt!

Adagio.

Tempo wie das erste Lied.

Dichterliebe, Op. 48

I.

Im wun _ derschö_nen Mo_nat Mai, als al_ _le Knos _ pen sprangen, da ist in mei _ nem Her_zen die Lie _ be auf _ ge _ gan_gen. Im wun _ der_schönen Mo_nat

Mai, als al _ le Vö _ gel san _ gen, da hab' ich ihr ge _ stan _ den mein

Seh _ nen und Ver _ lan _ gen.

ritard.

II.

Nicht schnell.

Aus mei _ nen Thränen spriessen viel blü _ hende Blumen her _ vor, und mei _ ne Seufzer

wer _ den ein Nachti _ gallen _ chor. Und wenn du mich lieb hast, Kind _ chen, schenk' ich dir die Blumen

all', und vor dei _ nem Fenster soll klin _ gen das Lied der Nach _ ti _ gall.

ritard.

ritard.

III.

Munter.

Die Ro _ se, die Li _ lie, die Tau _ be, die Son _ ne, die liebt' ich einst al _ le in

Lie _ bes-won-ne, ich lieb' sie nicht mehr, ich lie _ be al-lei _ ne die Klei _ ne, die Fei _ ne, die

Rei _ ne, die Ei _ ne; sie sel _ ber, al _ ler Lie _ be Won-ne ist Ro _ se und Li _ lie und

Tau _ be und Son-ne, ich lie _ be al _ lei _ ne die Klei _ ne, die Fei _ ne, die Rei _ ne, die Ei _ ne, die

Ei _ _ ne!

150

IV.

Langsam.

Wenn ich in dei _ ne Au _ gen seh', so schwin_det all' mein Leid und Weh; doch wenn ich küs_se dei _ nen Mund, so werd' ich ganz und gar ge_sund. Wenn ich mich lehn' an dei _ ne Brust, kommt's ü_ber mich wie Him_mels_lust; doch wenn du sprichst: „Ich lie_be dich!" so muss ich wei_nen bit _ _ter_lich.

151

V.

Ich will mei-ne See_le tau___chen in den Kelch der Li_lie hin_ein; die Li_lie soll klin_gend hau_chen ein Lied von der Lieb_sten mein. Das

Lied soll schau_ern und be_ _ben wie der Kuss von ih_ _rem Mund', den

sie mir einst__ ge_ge_ _ben in wun_der_bar süs_ _ser

Stund'!

ritard. - - - - -

VI.

Ziemlich langsam.

Im Rhein, im hei_li_gen Stro_ _me, da spie_ _gelt sich in den Well'n, mit sei_ _nem gros_ _sen Do_ _ _me, das gros_se, hei_li_ge Köln. Im Dom, da steht ein Bild_niss, auf gol_de_nem Le_der ge_malt; in mei_ _nes Le_ _bens Wild_niss hat's freund_lich hin_ein ge_strahlt.

154

Es schweben Blu_men und Eng_lein um un_sre lie_be Frau; die Au_gen, die Lip_pen, die Lip_pen, die Wäng_lein, die glei_chen der Lieb_sten ge_nau.

VII.

Nicht zu schnell.

Ich grolle nicht, und wenn das Herz auch bricht. E-wig verlor' nes Lieb, e-wig verlor' nes Lieb,___ ich grol – le nicht, ich grol – le nicht. Wie du auch strahlst in Di-a-man-tenpracht, es fällt kein Strahl in dei-nes Herzens Nacht, das weiss ich längst._____

Ich grolle nicht, und wenn das Herz auch bricht. Ich sah dich ja im Trau_me, und sah die Nacht in dei_nes Her _ zens Rau_me, und sah die Schlang', die dir am Her _ zen frisst,___ ich sah, mein Lieb, wie sehr du e _ lend bist. Ich grol_le nicht, ich grolle nicht.

VIII.

Und wüs_sten's die Blu_men, die klei _ _ nen, wie tief ver_wun _ det mein Herz, sie wür _ _ den mit mir wei _ _ nen, zu hei _ _ len mei _ _ nen Schmerz. Und wüs_sten's die Nach _ _ ti_gal _ _ len, wie ich so trau _ rig und

krank, sie lies _ _ sen fröh _ lich er _ schal _ _ len er _ qui _ _cken_den Ge _ sang. Und wüs _ _sten sie mein We _ _ he, die gol _ de _nen Ster _ ne_lein, sie kä _ men aus ih _ rer Hö _ _ he, und sprä _ _chen Trost mir

Sie al _ _ le kön _ nen's nicht wis _ _ sen, nur
Ei _ ne kennt mei _ nen Schmerz: sie hat ja selbst zer _
ris _ sen, zer _ ris _ sen mir das Herz.

IX.

Nicht zu rasch.

Das ist ein Flö _ ten und Gei _ _ gen, Trom _ pe _ ten schmet _ tern da _ rein, Trom _ pe _ ten schmettern da _ rein.

Da tanzt wohl im Hoch _ zeit _ rei _ _ gen die Herz _ al _ ler _ lieb _ ste mein,

die Herz _ al _ ler _ lieb _ ste mein.

Das ist ein Klin _ gen und Dröh _

_ nen, das ist ein Klin _ gen und Dröh _ _ nen, ein Pau _ ken und ein Schal _

_ mein; da _ zwi _ schen

162

schluchzen und stöh _ _ _ nen, da _ zwi _ schen schluchzen und stöh _ _ _ nen die

lieb _ lichen En _ ge _ lein.

X.

Langsam.

Hör' ich das Lied_chen klin_gen, das einst die Lieb_ste sang, so

will mir die Brust zer_sprin_gen von wil _ dem Schmer _ zen_drang. Es

treibt mich ein dunk _ les Seh _ nen hin _ auf zur Wal _ des _ höh', _ dort

löst sich auf _ in Thrä _ nen mein ü _ ber _ gros _ ses Weh.

XI

Ein Jüng_ling liebt ein Mäd_chen, die hat ei_nen An_dern er_wählt; der An_dre liebt ei_ne An_dre, und hat sich mit die_ser ver_mählt. Das Mäd_chen nimmt aus Aer_ger den er_sten, be_sten Mann, der ihr in den Weg ge_

tar_ _ _dan_ _ _do

lau_fen; der Jüngling ist ü_bel dran. Es ist ei_ne al_te Ge_schich_ _ te, doch

bleibt sie im_mer neu; und wem sie just pas_si_ret, dem bricht das Herz ent_

zwei.

167

XII.

langsamer

schau'n mit_lei_dig mich an: „Sei uns_rer Schwester nicht bö_ _ se, du

trau_ ri_ger, blas_ _ser Mann!"

XIII.

auf, und ich wein_te noch lan_ge bit_ter_lich.

ritard.

pp

Ich hab' im Traum ge _ wei _ net, mir träum_te, du' wärst mir noch

ritard.

gut. Ich wach _ te auf,____ und noch im _ mer strömt mei _ ne Thrä _ nen_

fluth.

sf

pp.

XIV

All - nächt - lich im Trau - me seh' ich dich, und
se - he dich freundlich, freund - lich grüssen, und laut aufweinend stürz' ich mich zu
dei - nen süs - sen Füs - sen.
Du sie - hest mich
an weh - mü - thig - lich, und schüt - telst, schüt - telst das

blon _ de Köpfchen; aus dei _ nen Au _ gen schlei _ chen sich die Per _ len _ Thrä _ nen _

ritard. *pp*

tröpfchen. Du sagst mir heim _ lich ein lei _ ses

Wort, und giebst mir den Strauss, den Strauss von Cy _ pres _ sen. Ich wa _ che

auf, und der Strauss ist fort, und's Wort hab ich ver _ ges _ sen.

XV.

Aus al_ten Märchen winkt es her_vor mit weis_ser Hand, da singt es und da klingt es von ei_nem Zau_ber_land, wo bun_te Blu_men blü_hen im goldnen A_bend_licht und lieb_lich duf_tend glü_hen mit bräut_li_chem Ge_sicht.

Und grü_ne Bäu_me sin _ gen ur_
al _ te Me _ lo _ dein, die Lüf_te heimlich klin _ gen und Vö_gel schmettern drein.

cresc. *cresc.* *f*

Und Ne _ belbil _ der stei _ gen wohl

f

sf

aus der Erd'her _ vor und tan _ zen luft'gen Rei _ gen im wun_der_li _ chen Chor. und

p

blau_e Fun_ken bren _ nen an je _ dem Blatt und Reis,___ und ro _ the Lich_ter ren _ nen im

ir _ ren, wir _ ren Kreis,___ und bunte Quellen bre _ chen aus wil_dem Mar_mor_stein, und

seltsam in den Bä _ chen strahlt fort der Wie_der _ schein.___ Ach!___

Mit innigster Empfindung.

Ach!___ Ach, könnt' ich dort _ hin kom _ _ men_ und dort_ mein Herz_ er_

freu'n, und al _ ler Qual ent _ nom _ _ men _ und frei _ und se _ lig sein!

Ach, je _ nes Land der Won _ ne, das seh' ich oft _ im Traum, _ doch kommt die

Adagio.

Mor _ gen _ sonne, zer _ fliesst's wie ei _ tel Traum, _ zer _ fliesst's wie ei _ tel Traum.

sf *p* *sf* *p*

Ped. ✻

Tempo I.

pp

Ped.

XVI.

Die al _ ten, bö _ sen Lie _ der, die Träu _ me bös' und arg, die lasst uns jetzt be _ gra_ben; holt ei_nen gros _ sen Sarg. Hin _ ein leg'ich gar Manches, doch sag' ich noch nicht, was. Der Sarg muss sein noch grös _ ser, wie's Hei _ del_ber _ ger Fass. Und holt ei_ne Tod _ ten_

bah _ re und Bre _ ter fest und dick auch muss sie sein noch län _ ger, als

wie zu Mainz die Brück'. Und holt mir auch zwölf Rie _ sen, die müs_sen noch stär _ ker

sein, als wie der heil' _ ge Chri _ stoph im Dom zu Köln am

Rhein, die sol_len den Sarg fort_tra_gen, und sen_ken in's Meer hin_ab; denn

sol _ chem gros _ sen Sar _ ge ge _ bührt ein gros _ ses Grab.

Wisst ihr, wa _ rum der Sarg wohl so gross und schwer mag sein? _____ Ich

Adagio.

senkt' auch mei _ ne Lie _ be und mei _ nen Schmerz hin _ ein!

Andante espressivo.

181

Individual Songs

Etwas kokett.

Es ist so süss, zu scher_zen mit Lie _ dern und mit

Her _ zen und mit dem ernsten Streit! Er_glänzt des Mon_des

Schim _ mer, da treibt's mich fort vom Zim _ mer durch Platz und Gassen

weit; da bin zur Lieb ich im _ mer wie zum Ge_fecht,wie zum Ge_fecht be _

reit! Es ist so süss zu scherzen, mit Lie _ dern und mit Her_zen

und mit dem ern _ sten Streit, _____ und mit dem ernsten Streit. Die

Schö _ nen von Se _ vil _ la mit Fä _ cher und Man _ til _ la

bli _ cken den Strom ent _ lang, sie lau _ _ schen mit Ge _ fal_len,

wenn mei_ne Lieder schal _ len zum Mando_li _ nen_klang,

p ri _ te _ nu _ _ to
und dunkle Ro _ sen fal _ len _____ mir vom Balkon zum Dank. Ich
p ri _ te _ nu _ to

trage, wenn ich singe, die Zi_ther und die Klin_ge vom To_ledan'schen

Stahl. Ich sing' an manchem Gitter, und höh_ne manchen

Ritter mit ke_ckem Lied zu_mal, den Da_men gilt die

Zi_ther, die Klin_ge dem Ri_val! Auf denn zum A_ben_

teu_er! schon losch der Sonne Feu_er jenseits der Berge aus.

Der Mondnacht Dämmer stun _ den, sie brin _ gen Liebes kun _ den, sie

brin _ gen blut'gen Strauss, und Blu _ men o _ der Wun _ den trag' mor _ gen ich nach

Haus. Auf denn zum A _ ben _ teu _ er! schon losch der Sonne Feu _ er

jenseits der Ber _ ge aus, _ jen _ seits der Berge aus. Und Blu _ men o _ der

Wun _ den trag' mor _ gen ich nach Haus!

Die Löwenbraut.
Ballade.

fromm und ver_stän _ dig zur Her _ rin em_por; die Jung _ frau zart _ und won _ ne_reich lieb_

ritard._ _ _ _ **Etwas langsamer.**

streichelt ihn sanft und wei_net zugleich: Wir wa_ren in Ta_gen die nicht mehr sind, gar

treu_e Ge_spie_len wie Kind und Kind, und hat_ten uns lieb und hat_ten uns gern, die

Ta_ge der Kind_heit sie lie_gen uns fern. Du schüt_tel_test machtvoll, eh wir's ge_glaubt, dein

mähnen_um_wog_tes kö_nig_lich Haupt; ich wuchs her_an, du siehst es, ich bin,_ ich bin das

Kind nicht mehr mit kin_di_schem Sinn. O wär' ich das Kind noch und blie_be bei

dir, mein star_kes ge_treu_es, mein red_li_ches Thier! Ich a_ber muss fol_gen, sie tha_ten mir's

an, hin_aus in die Frem_de dem frem_den Mann. Es

fiel ihm ein, dass schön ich sei, ich wur_de ge_freit, es ist nun vor_bei, der

Kranz im Haar, mein gu_ter Ge_sell, und vor Thränen nicht die Bli_cke mehr hell._ Ver_

ritard.

p

188

stehst du mich ganz? schaust grimmig da_zu, ich bin ja ge_fasst, sei ru_hig auch du; dort

ri _ tar _ dan _ do _ -

seh' ich ihn kom_men, dem fol_gen ich muss, so geb' ich denn, Freund, dir den letz_ten Kuss!

ri _ tar _ dan _ do

Erstes Tempo.

mf

Und

wie ihn die Lip _ pe des Mäd _ chens berührt, da hat man den Zwin _ ger er_zit _ tern gespürt, und

wie er am Zwin _ ger den Jüng_ling erschaut, er _ fasst Ent_se_tzen die ban_gen_de Braut. Er

stellt an die Thür sich des Zwin_gers mit Macht, er schwinget den Schweif, er brül_let mit Macht. Sie

fle_hend, ge_bie_tend und dro_hend be_gehrt hin_aus; er im Zorn den Aus_gang wehrt.

Und

draussen er_hebt sich ver_wor_ren Ge_schrei. Der Jüng_ling ruft „bringt Waf_fen her_bei, ich

schiess' ihn nie_der, ich treff' ihn gut." Auf brüllt der Ge_reiz_te schäu_mend vor Wuth. Die Un_

se_li_ge wagt's sich der Thü_re zu nah'n, da fällt er verwan_delt die Her_rin an, die

schö_ne Ge_stalt, ein gräss_li_cher Raub, liegt blu_tig zer_ris_sen ent_stellt in dem Staub.

Und wie er ver_gos_sen das theu_re Blut, er

legt sich zur Lei_che mit fin_sterem Muth, er liegt so ver_sun_ken in Trau_er und Schmerz, bis

ri_tar_dan_do

tödt_lich die Ku_gel ihn trifft in das Herz.

ri_tar_dan_do

Adagio.

Die beiden Grenadiere.

(Ballade von H. Heine.)

fangen! .... Da wein_ten zu_sammen die Gre_na_

dier; .... wohl ob der kläg_li_chen Kunde. Der Ei_ne sprach: „Wie weh wird mir, wie

brennt mei ne al te Wun_de."_ Der An_dre sprach; „Das Lied ist aus, auch ich möcht' mit dir

ster_ben, doch hab' ich Weib und Kind zu Haus, die oh _ ne mich ver _ der_ben." Was schert mich

Weib, was schert mich Kind, ich tra_ge weit bess'res Ver_ lan_gen; lass sie

bet_teln gehn, wenn sie hungrig sind,_ mein Kaiser, mein Kaiser ge_fan_gen! Ge_

Nach und nach bewegter.

währ' mir,Bruder,ei_ne Bitt': wenn ich jetzt ster_ben wer_de, so

nimm meine Lei_che nach Frankreich mit, be_grab' mich in Frank_reichs Er_de. Das

Schneller.

Eh_renkreuz am rothen Band sollst du auf's Herz mir le_gen; die

Flin_te gieb mir in die Hand, und gürt' mir um den De_gen. So

will ich lie_gen und hor_chen still, wie ei_ne Schildwach', im Gra_be, bis

einst ich hö_re Ka_no_nen_ge_brüll, und wie_hern_der Ros_se Ge_tra_be. Dann

rei_tet mein Kai_ser wohl ü_ber mein Grab, viel Schwer_ter klir_ren und bli_tzen, viel

Schwerter klir_ren und bli_tzen; dann steig' ich ge_waff_net her_vor aus dem Grab,_ den

Kai_ser, den Kai_ser zu schü_tzen!

Adagio.

ritard.

Volksliedchen.

F. Rückert.

Wenn ich früh in den Gar_ten geh', in mei_nem grü_nen Hut, ist mein er_ster Ge_dan_ke, was nun mein Lieb_ster thut. Am Him_mel steht kein Stern, den ich dem Freund nicht gönn_te, mein Herz gäb' ich ihm gern, wenn ich's her_aus thun könn_te. Wenn ich früh in den Gar_ten geh', in mei_nem grü_nen Hut, ist mein

er_ster Ge_dan_ke, was nun mein Lieb_ster thut, ist mein er _ ster Ge _ dan _ ke, was nun mein

Lieb_ster thut.

Blondel's Lied.

(J. G. Seidl.)

Nicht schnell.

Spähend nach dem Ei_sen_git_ter bei des Mon_des hel_lem Schein, steht ein Minst'_rel mit der Zi_ther vor dem Schlos_se Dür_ren_stein, stimmt sein Spiel zu sanf_ter Wei_se und be_ginnt sein Lied da_zu, denn ein Ah_nen sagt ihm lei_se: „Su_che treu, so fin_dest du!"

Kö_nig Ri_chard, Held von O_sten, sankst du wirklich schon hin_ab? Muss dein Schwert im Mee_re ro_sten,

o _ der deckt dich fern ein Grab? Su_chend dich auf al _ len We_gen wallt dein Minst'_rel

oh _ ne Ruh', denn ihm sagt ein lei _ ses Re _ gen: „Su_che treu, so fin _ dest du!"

Hof _ fe, Ri_chard, und_ ver_trau _ e, Treu _ e lenkt und

lei _ tet mich! Und_ im fer_nen Hei _ math_gau_ e be _ tet Lie _ be still für dich!

Blon_del fol_get dei_nen Bah_nen, Mar_got winkt dir seh_nend zu, dei_nem Minst'rel sagt sein Ah_nen: „Su_che treu, so fin_dest du!" Horch, da tönt es lei_se, lei_se aus dem Burg_ver_liess her_vor, ei_ne wohl_be_kann_te Wei_se klingt an Blon_dels lau_schend Ohr. Wie ein Freundes _ruf, ein trau_ter, schallt sein ei_gen

Lied ihm zu, und sein Ah_nen sagt ihm lau_ter: „Su_che treu, so fin_dest du!" Was er sang, das

singt er wie_der, wie_der tönt es ihm zu_rück, süs_ses E_cho klingt her_nie_der,

kei_ne Täu_schung, sich_res Glück! Den er sucht auf sei_nen Bah_nen, ach, sein Kö_nig

ruft ihm zu, nicht ver_ge_bens war sein Ah_nen: „Su_che treu, so fin_dest du!"

Heimwärts fliegt er mit der Kun_de, da war Leid und Freu_de gross, fliegt zu_rück mit ed_ler Run_de, kauft den theu_ren Kö_nig los. Rings um_staunt vom fro_hen Krei_se stürzt der Held dem Sän_ger zu; gut be_währt hat sich die Wei_se: „Su_che treu, so fin_dest du!"

202

Der arme Peter.

(H. Heine.)

I.

ar _ me Pe _ ter die Nä _ gel kaut und steht im Wer _ keltags_

klei _ de. Der Pe _ ter spricht lei _ se vor___ sich her und schau _ et be_

trü _ bet auf Bei _ _ de: „Ach! wenn ich nicht gar zu ver _ nünf _ tig

wär, ich thä _ te mir was zu Lei _ _ de.“

ritard.

dim.

II.

Ziemlich schnell.

In_ mei_ner Brust,da_ sitzt ein Weh,das will die Brust zer_sprengen; und wo ich steh,und wo ich geh', will's mich von hinnen drängen.

Etwas ruhiger.

Es treibt mich nach der Liebsten Näh', als könnt's die Gre_te heilen; doch wenn ich Der in's Au_ge seh',muss ich von hinnen ei_len.

Langsamer.

Ich steig'hin_auf des Ber_ges Höh', dort ist man doch al_lei_ne; und wenn ich still dort o_ben steh', dann steh' ich still und

ritard.

weine.

a tempo

III.

206

Die Soldatenbraut.

(E. Mörike.)

Leicht, herzlich.

Ach, wenn's nur der Kö_nig auch wüsst', wie wa_cker mein Schä_tze_lein ist! Für den Kö_nig, da liess' er sein Blut,__ für mich a_ber e_ben so gut, für mich a_ber e_ben so gut.

Mein Schatz hat kein Band und kein' Stern, kein

207

Kreuz wie die vor _ neh _ men Herrn, mein Schatz wird auch kein Ge _ ne _ ral; _ hätt' er

nur sei _ nen Ab _ schied ein _ mal, hätt' er nur sei _ nen Ab _ schied ein _ mal!

poco ritard. **a tempo**

Etwas langsamer.

Es schei _ nen drei Ster _ ne so hell _ dort ü _ ber Ma _ ri _ en _ ca _

ritard.

pell'; da knüpft uns ein ro _ sen _ roth Band, _ und ein Hauskreuz ist auch bei der

Hand! _

Das verlassne Mägdelein.

(E. Mörike.)

Nicht schnell.

Früh wann die Häh_ne kräh'n, eh' die Sternlein schwinden, muss ich am Heer_de steh'n, muss Feu_er zün_den. Schön ist der Flammen Schein, es sprin_gen die Fun_ken; ich schaue so darein, in Leid ver_sunken. Plötzlich, da kommt es mir, treu_lo_ser Kna_be, dass ich die Nacht von dir ge_träu_met ha_be. Thrä_ne auf Thrä_ne dann stür_zet her_nie_der; so kommt der Tag her_an — o ging' er wie_der!

Geständniss.

Mis amores tanto os amo.

hof - fen würd' ich auch zu-gleich; wenn ich nicht zu hof-fen

zag - te, weiss ich wohl,__ er-zürnt' ich euch, weiss ich

wohl, er-zürnt' ich euch. Da - rum ruf' ich ganz al -

lei - ne nur den Tod, dass er er - schei - ne,

weil mein Herz es nicht mag wa _ gen ei _ nen an _ dern Wunsch zu

tra _ gen, ei _ nen an _ _ dern Wunsch, ei _ nen an _ dern Wunsch zu

tra _ gen, al _ so lieb' ich euch, al _ _ _ so

lieb' ich euch!

Der Contrabandiste.

Spanische Romanze.

Yo que soy contrabandista.

nur lu_stig, nur lu_stig, nur lu_stig! Wer kauft

Sei_de, Ta_bak! Ja wahrlich, mein Rösslein ist mü_de, ich

eil', _____ ich ei_le, ja ei_le, sonst fasst mich noch gar die Run_de,

los geht der Spec_ta_kel dann, lauf nur zu, o mein

Pferdchen, lauf zu, mein lu_sti_ges Pferdchen, ach mein

lie _ bes, gu _ tes Pferd _ chen, ach mein lie _ bes, gu _ tes__ Pferd _ _ chen, mein

lie _ _ _ _ _ _ _ bes__ Pferd _ chen, mein

lie _ bes, gu _ tes Pferd _ chen, ach mein lie _ bes, gu _ tes__ Pferd _ _ chen!

lie _ bes, gu _ tes__ Pferd _ chen, ach mein lie _ bes, gu _ tes__ Pferd _ chen!

Nach und nach schneller.

Weisst ja da _ von mich zu tra _ gen, weisst ja davon mich zu tra _ gen! Ich bin _____ der Contraban _

di _ ste, weiss wohl Re _ spect mir zu schaf _ fen, Al _ len zu trotzen, ich weiss es, Furcht nur die

hab' ich vor Kei _ nem! Drum nur lu _ stig, nur lu _ stig, nur lu _ stig!

cresc.

216

Ach mein lie _ bes, gu _ tes Pferd _ chen, ach mein lie _ bes, gu _ tes

Ach mein lie _ _ _ _ _ bes

Pferd _ chen, mein lie _ bes, gu _ tes Pferd _ chen, ach mein lie _ bes, gu _ tes Pferd _ chen!

Pferd _ chen, mein lie _ bes, gu _ tes Pferdchen, ach mein lie _ bes, gu _ tes Pferd _ chen!

dimin.

Ich bin _____ der Con _ tra _ ban _ di _ ste, der Con _ tra _ ban _ di _ ste,

weiss wohl _____ Re _ spect mir zu schaf _ fen, Re _ spect mir zu schaf _ fen,

ritard.

mein lu _ sti _ ges Pferdchen, mein lu _ sti _ ges Pferd _ _ chen. Presto.

colla parte

Aufträge.

(Ch. L'Égru.)

Leicht, zart.

Nicht so schnel _ le, nicht so schnelle! wart'ein we _ nig, kleine Wel _ le! will dir ei _ nen Auf _ trag ge _ ben an die Lieb_ste mein. Wirst du ihr vor _ ü _ ber schwe _ ben, grü _ _ sse sie mir fein! sag'ich wä _ re mit _ gekommen,

Mit Pedal.

218

auf dir selbst her_ab geschwom_men: für den Gruss ei_nen Kuss

kühn mir zu er_bit_ten, doch der Zeit Dringlich_keit hätt' es nicht ge_lit_

rit.

Im Tempo.

ten. Nicht so ei_lig! halt! er_lau_be, klei_ne leicht _be_schwing _ te

Im Tempo.

Tau _ be! Ha _ be dir was auf _ zu_tra_gen an die Liebste

mein! Sollst ihr tau _ send Grü _ sse sa _ gen, hun_ _ dert o_ben drein.

dir be_foh _ len für die Lieb_ste mein: durch das Fen _ sterchen ver _

stoh _ len grü _ _ sse sie mir fein! sag',ich wär'auf dich ge_stie_gen,

sel _ ber zu ihr hin zu flie _ gen: für den Gruss ei _ nen Kuss _

kühn mir zu er _ bit _ ten, du du seist Schuld,Un _ ge _ duld hätt'mich nicht ge_lit _

Im Tempo.

ten.

Im Tempo.

Zigeunerliedchen.

(Aus dem Spanischen von E. Geibel.)

1.

№ 7.

1. Un_ter die Sol_da_ten ist ein Zi_geu_ner_bub' ge_gan_gen,

mit dem Hand_geld ging er durch, und mor_gen muss er__ han_gen.

2. Hol_ten mich aus mei_nem Ker_ker, setz_ten auf den

E - sel mich, geis - sel - ten mir mei - ne Schul - tern, dass das Blut floss auf den Weg.

3. Hol - ten mich aus mei - nem Kerker,

stie - ssen mich in's Wei - te fort, griff ich rasch nach mei - ner Büchse, that auf sie den

er - sten Schuss.

Langsam.

Je-den Mor-gen, in der Frü-he, wenn mich weckt das Ta-ges-licht, mit dem Was-ser mei-ner Au-gen wasch' ich dann mein An-ge-sicht. Wo die Ber-ge hoch sich thürmen an dem Saum des Him-mels dort, aus dem Haus, dem schönen Garten tra-gen sie bei Nacht mich fort. Jeden Morgen, in der Frühe, wenn mich weckt das Ta-ges-licht, mit dem Wasser mei-ner Augen wasch' ich dann mein An-ge-sicht.

Marienwürmchen.

(Aus des Knaben Wunderhorn.)

Nicht schnell.

1. Ma - ri - en - würmchen, se - tze dich auf mei - ne Hand, auf mei - ne Hand, ich

thu' dir nichts zu Lei - de, nichts, nichts zu Lei - de. Es soll dir nichts zu Leid gescheh'n,

will nur dei - ne bun - te Flü - gel seh'n, bun - te Flü - gel mei - ne Freude!

2. Ma - ri - en - würm - chen, flie - ge weg, dein Häuschen brennt, die Kin - der schrein so seh - re, wie so seh - re,

schrein, schrein so seh_re. Die bö_se Spinne spinnt sie ein, Ma_ri_en_würmchen, flieg' hin_ein,

dei_ne Kinder schreien seh_re. 3.Ma _ ri_enwürm_chen, flie_ge hin zu

Nachbars Kind,zu Nachbars Kind,sie thun dir nichts zu Lei_de, nichts, nichts zu Leide. Es soll dir da kein

Leid gescheh'n,sie wollen dei_ne bunte Flü_gel seh'n, und grüss'sie al_le beide.

Der Einsiedler.

J. von Eichendorff.

1. Komm, Trost der Welt, du stil_le Nacht! wie steigst du von den Ber_gen sacht, die Lüf_te al_le schla_fen,__ ein Schif_fer nur noch, wan_der_müd', singt ü_ber's Meer sein A_bend_lied zu Got_tes Lob im

2. Die Jah_re wie die Wol_ken geh'n und las_sen mich hier ein_sam steh'n, die Welt__ hat mich ver_ges_sen, da tratst du wun_der_bar zu mir, wenn ich bei'm Wal_des_rau_schen hier ge_dan_ken_voll ge_

227

Ha _ fen.
ses _ sen.
3. O Trost der Welt, du

stil _ le Nacht! der Tag hat mich so müd' ge _ macht, das wei _ te Meer schon

dun_kelt, lass aus_ruh'n mich von Lust und Noth, bis dass das ew _ ge

Mor_gen_roth den stil _ len Wald durch _ fun _ kelt.

„Kennst du das Land?"

Langsam, die beiden letzten Verse mit gesteigertem Ausdruck. (♪ = 69.)

Mignon.

Pianoforte.

Kennst du das Land, wo die Zi-tro-nen blüh'n, im dun-keln Laub die Gold-o-rangen glüh'n, ein sanf-ter Wind vom blau-en Himmel weht, die Myr-the still und hoch der Lor-beer steht, kennst du es wohl, kennst du es

wohl? Da _ hin! da _ hin möcht' ich mit

dir, o mein Ge _ lieb-ter, zieh'n, da _ hin, da _ hin mit dir, o mein Ge _ lieb _ ter,

zieh'n. Kennst du das Haus? auf Säulen ruht sein Dach, es

glänzt der Saal, es schimmert das Gemach, und Marmorbilder steh'n____ und seh'n_____ mich

an: was hat man dir, du ar _ _ mes

Sängers Trost.

(J. Kerner.)

Weint auch einst kein Lieb _ chen Thrä _ nen auf mein

Grab: _____ träu _ feln doch die Blu _ men mil _ den Thau hin _

ab; _____ weilt an ihm _ kein Wan _ drer _____ im Vor _ ü _ ber _

lauf, _____ blickt auf sei _ ner Rei _ se doch der Mond _____ dar _

nach und nach bewegter

auf.____ Denkt auf die_sen Flu___ ren bald kein Erd_ner mein,____

denkt doch mein die Au_e und der stil_le Hain.____ Blu_men, Hain und

Au_e, Stern und Mon_den_licht,_____ die ich sang, ver_

ritard.

ges_sen ih_res Sän___gers nicht._____

Mein Wagen rollet langsam.

(H. Heine.)

Nach dem Sinn des Gedichts.

Mein Wa_gen rol_let lang_sam durch lu_sti_ges Wal_des_grün, durch blu_mi_ge Thä_ler, die zau_brisch im Son_nen_glan_ze blüh'n. Ich si_tze und sin_ne und sin_ne und träu_me und denk' an die Lieb__ste

235

im Tempo

mein.

im Tempo

Da

hu _ schen drei Schat _ ten _ ge _ stal _ _ _ _ ten kopf _ _

ni _ ckend zum Wa _ gen, zum Wa _ gen her _ ein, sie

hu _ schen und schneiden Ge _ sich _ ter so spöt _ tisch und doch so scheu und

quir _ len wie Ne_bel zu _ sam _ men   und   ki_chern   und huschen vor _ bei.

TRANSLATIONS

Liederkreis [Song Cycle], Op. 24

Texts by Heine; composed 1840; dedicated to Pauline García

1. Every morning I get up and ask: "Will my sweetheart come today?" Every evening I drop into bed and lament: "She stayed away today too, today too." During the night I lie sleepless with my troubles, I lie awake; dreaming as if in a half-doze, dreaming I go about during the day.

2. I am in a state of constant agitation! Only a few more hours and I will see her, her herself, the loveliest of lovely maidens. My poor heart, why do you beat so hard? The hours are a lazy crew, aren't they?! They drag themselves along at a comfortable, slow pace; they creep along their paths with a yawn. Get a move on, you lazy crew! I'm gripped by a frenzy of impatience that gives me no peace! But probably the Horae [Greco-Roman personifications of the hours] were never in love, never, the Horae were never in love; secretly joined in a cruel conspiracy, they maliciously mock at lovers' haste.

3. I was walking beneath the trees, alone with my sorrow, when my old dream returned and stole into my heart. Who taught you to sing that, you birds, way up in the treetops? Be quiet! If my heart hears it, then it will hurt again. "A maiden came by who sang it uninterruptedly, so we birds took up the beautiful, golden song." You shouldn't tell me that, you wondrously sly birds; you want to steal my heartache from me, but I trust nobody, but I trust nobody.

4. My dearly beloved, place your tender hand on my heart. Ah, do you hear how it throbs within its tiny chamber? A carpenter dwells there, evil and spiteful, who is making a coffin for me. The hammering and knocking go on day and night; for a long time now I haven't been able to sleep because of it. Oh, hurry, master carpenter, so that I may soon be able to sleep.

5. Beautiful cradle of my sorrows, beautiful tombstone of my repose, beautiful city, we must part; I bid you farewell. Farewell, farewell! Farewell, sacred threshold where my sweetheart walks; farewell, sacred place where I first saw her. Farewell, farewell. I wish I had never seen you, beautiful queen of my heart; then I would never, never have become so miserable. I never wanted to touch your heart, I never implored your love; all I wanted was to lead a quiet life within reach of your sweet breath, within reach of your sweet breath. But you yourself are driving me away from here; your lips speak bitter words; madness rages in my mind and my heart is sick and sore. And my limbs, weary and numbed, I drag along, I drag them along, propped on my pilgrim's staff, until I lay down my tired head far from here in a cold grave. Beautiful cradle of my sorrows, beautiful tombstone of my repose, beautiful city, we must part—farewell, farewell!

6. Wait, wait, impetuous seaman! At once I will follow you to the harbor, at once, at once, at once! I am taking leave of two maidens: Europe and her. Stream of blood, pour out of my eyes;

stream of blood, burst forth from my body, so that I can write down my woes in my own hot blood. Oh, my darling, why is it that today you are afraid to see my blood when for long years you watched me stand before you pale and with a bleeding heart?! Oh! Do you recall the old song about the serpent in Paradise that with its evil gift of an apple drove our ancestor into misery? All unhappiness has been brought by apples! Eve brought us death with one, Eris brought the burning of Troy—and you, you brought both: flames and death.

7. Hills and castles look down into the mirror-bright Rhine, and my boat sails merrily with sunshine all around it, with sunshine all around it.

Calmly I observe the play of golden waves, curling and stirring; silently the feelings awaken that I had hidden deep in my heart, that I had hidden deep in my heart.

The splendor of the river, with friendly greetings and promises, lures me on; but I know the river: its surface gleams, but down below it brings death and night, down below it brings death and night.

Pleasure on the outside, malice in your bosom: river, you are the image of my sweetheart! She too can beckon in that friendly way, she too smiles so submissively and gently, she too smiles so submissively and gently.

8. At the outset I nearly wanted to give up, and I thought I could never bear it; and yet I have borne it—but please don't ask me how, don't ask me how.

9. With myrtles and roses, lovely and fair, with fragrant cypresses and tinsel I would like to adorn this book like a coffin and bury my poems in it. Oh, if I could only bury love as well! On the grave of love grows the flower of repose; it blossoms forth there, ready for the picking; but it will bloom for me only when I myself am in the grave, when I myself am in the grave. Here now are the poems that once burst forth from the depths of my spirit as impetuously as a lava stream pouring out of Etna, scattering many flashing sparks all about them. Now they lie mute as if in death; now they grow rigid, cold and pale as mist. But the old fire will reanimate them if the spirit of love once more hovers over them, but the old fire will reanimate them if the spirit of love once more hovers over them. And a premonition speaks within my heart that the spirit of love will once more drop down like dew upon them; some day this book will fall into your hands, you dearly loved one, you dearly loved one in a far-off land! Then the spell cast upon my poems will be broken and the pale letters will look at you; they will look imploringly into your beautiful eyes and whisper with melancholy and the breath of love.

Myrthen [Myrtles], Op. 25

Composed 1840; dedicated "To his beloved bride"

1. Widmung [Dedication; text by Rückert]

You my soul, you my heart, you my rapture, O you my pain, you my world in which I live, you my heaven in which I soar

O you my grave in which I have eternally buried my sorrow! You are repose, you are peace, you were granted to me by heaven. Your loving me gives me value in my own eyes, your gaze has transfigured me in my own mind; by loving, you raise me above myself, my good angel, my better self! You my soul, you my heart, you my rapture, O you my pain, you my world in which I live, you my heaven in which I soar, my good angel, my better self!

2. Freisinn [Liberty, text by Goethe, from the Westöstlicher Divan]

Just let me show what I can do in the saddle! You can stay in your huts and tents! And I ride joyously into the boundless distance, with only the stars above my cap. He has placed the heavenly bodies as a guide for you on land and sea, for you to take pleasure in, continually peering upward. Just let me show what I can do in the saddle! You can stay in your huts and tents! And I ride joyously into the boundless distance, with only the stars above my cap.

3. Der Nussbaum [The Walnut Tree; text by Mosen]

A walnut tree grows green in front of the house; fragrantly, airily it spreads its leafy branches out. Many delightful blossoms are on them; mild breezes come to embrace them lovingly. They whisper together, paired off in twos, nodding and gracefully bending their little heads for a kiss. They are whispering about a maiden who thinks all night and day and, alas, doesn't know herself what her thoughts are about. They whisper, they whisper—who can understand such a quiet melody?—they whisper about a bridegroom and the coming year, about the coming year. The maiden listens, the tree rustles; longingly, full of fancies, she sinks smilingly off into sleep and dreams.

4. Jemand [Someone; German adaptation from Burns by Gerhard]*

My heart is troubled; I don't speak about it; my heart is troubled over Someone. I could stay awake through the longest night and keep on dreaming of Someone. Oh, the bliss of Someone; oh, the heaven of Someone! I could wander through the whole world out of love for Someone. You powers that favor love, oh smile down kindly upon Someone; protect him when dangers threaten; give Someone a safe escort. Oh, bliss to Someone; oh, heaven to Someone! I would like, I would like, what wouldn't I like for my Someone?!

5 & 6. Lieder [Songs; texts by Goethe, from the "Cupbearer Book" of the Westöstlicher Divan]

I (5). If I sit alone, where can I be better off? I drink my wine alone; no one limits my actions, I just think my own thoughts. If I sit alone, where can I be better off, where can it be better, be better, be better?

II (6). You lout, don't plump the wine jar down in front of my nose so roughly! Whoever serves me wine should look at me in a friendly way, or else the fine vintage [literally, "the elevener," that is, the wine of 1811, a particularly fine year] will become clouded in the glass. You charming boy, come in, why are you standing there on the threshold? From now on you will be my cupbearer and every wine will be tasty and bright.

7. Die Lotosblume [The Lotus Flower; text by Heine]

The lotus flower is troubled by the sun's splendor and, dream-

---

* Even though English originals form the basic texts of some songs in this cycle, it seemed preferable to supply a new literal translation of the actual German words that Schumann was setting.

ing with lowered head, she awaits the night. The moon is her paramour; he wakes her with his light, and to him she gladly unveils her dutiful flower-face. She blossoms and glows and beams, and gazes silently upward; she emits fragrance and weeps and trembles with love and love's pain, with love and love's pain.

8. Talismane [Talismans; text by Goethe, from the Westöstlicher Divan]

The Orient is God's! The Occident is God's! Northern and southern countries rest in the peace of His hands. He, the only just One, wants what is right for every man. Of His hundred names, may this one be praised! Amen! The Orient is God's! The Occident is God's! My aimless roving seeks to confuse me, but You are able to set me straight. Whenever I take action, whenever I compose poetry, steer me onto my proper path! The Orient is God's! The Occident is God's! Northern and southern countries rest in the peace of His hands. Amen! Amen!

9. Lied der Suleika [Suleika's Song; text by Goethe, from the Westöstlicher Divan]

O song, how I perceive your meaning with warmest satisfaction! You seem to say lovingly that I am by his side, by his side. That he constantly thinks of me and continually bestows the bliss of his love on the far-off woman, who has consecrated her life to him. Yes, my friend, my heart is the mirror in which you see yourself; this breast, upon which kiss after kiss, kiss after kiss has impressed the marks of your seal. Sweet composing, unsullied truth, binds me in sympathy and purely embodies the clarity of love in the garb of poetry. O song, how I perceive your meaning with warmest satisfaction! You seem to say lovingly that I am by his side, by his side.

10. Die Hochländer-Wittwe [The Highland Widow; German adaptation from Burns by Gerhard]

I have come to the lowlands, oh woe, oh woe, oh woe! I have been so completely plundered that I am perishing of hunger. It wasn't like this in my highlands, oh woe, oh woe, oh woe! A more thoroughly fortunate woman than I was not to be found in dale or on hill—for then I owned twenty cows—oh woe, oh woe, oh woe—that gave me milk and butter and grazed in the clover, and I had sixty sheep there—oh woe, oh woe, oh woe—that warmed me with soft fleece in frost and wintry snow. No one in the whole clan could boast of greater happiness; for Donald was the handsomest man, and Donald was my own. So it remained, so it remained until Charlie Stuart came to free old Scotland; then Donald was obliged to lend aid to him and to the country. What befell them, who doesn't know it? Justice yielded to injustice, and on the bloody field of Culloden master and servant were laid low. Oh, that I have come into the lowlands, oh woe, oh woe, oh woe! Now there is no woman more unfortunate from the highlands to the sea!

11 & 12. Lieder der Braut [Songs of the Fiancée; texts by Rückert, from The Springtime of Love]

I (11). Mother, Mother! Don't think, just because I love him so much, that I now have insufficient love to love you as before. Mother, Mother! It's only since I began to love him that I have loved you as much as I do. Let me hug you to my heart and kiss you the way he kisses me, the way he kisses me, he kisses me. Mother, Mother! It's only since I began to love him that I have loved you as much as I do, because you lent me my existence, which has become so splendid to me, which has become so splendid, so splendid to me.

II (12). Let me cling to his breast, Mother, Mother! Stop being alarmed. Don't ask: "How will it turn out?" Don't ask: "How will this end?" End? It must never end. Turn out? I don't know yet how. Let me cling to his breast, let me!

13. Hochländers Abschied [Highlander's Farewell; after Burns]

My heart's in the highlands, my heart is not here; my heart's in the highlands, on the forest paths. There it is hunting the deer and pursuing the doe; my heart's in the highlands, wherever I go.

Farewell, my highlands, my native place; the cradle of liberty and courage is there. Wherever I roam, wherever I am, I am drawn back to the mountains, to the mountains.

Farewell, you mountains, covered with snow; farewell, you valleys, full of flowers and clover; farewell, you forests, moss-covered rocks, you gushing torrents forming rainbows in the sunlight!

My heart's in the highlands, my heart is not here, my heart's in the highlands, on the forest path. There it is hunting the deer and pursuing the doe; my heart's in the highlands, wherever I go.

14. Hochländisches Wiegenlied [Highland Lullaby; after Burns]

Sleep, sweet little Donald, image of the great Ronald! The noble clan knows exactly, the noble clan knows exactly, who bore the little thief to him!

Rogue, you have eyes black as coal; when you're grown up, steal a foal, ride up and down the plain; bring home a Carlisle cow, bring home a Carlisle cow!

You mustn't be absent from the lowlands; there, my lad, you may steal; steal money for yourself and steal happiness for yourself, and come back to the highlands, and come back to the highlands!

15. Aus den hebräischen Gesängen [From the *Hebrew Melodies*; after Byron]

My heart is heavy! Up! Take the lute from the wall, it is the only thing I can bear to hear any more; with skilled hand entice music from it that can still my heart! If my heart can yet nourish a hope, these tones will conjure it up; and if my dry eyes still shelter tears, they will flow and the burning will cease. Only, let the stream of sound be deep and wild, and turned aside from joy! Yes, singer, so that I am forced to weep, or else my heavy heart will be consumed. For see, it has been nourished on sorrow, it has long borne silent vigils, and now, taught by extremities, let it break or grow well in song.

16. Räthsel [Riddle; after Byron]

Heaven whispers it, Hell mutters it, it reverberates only feebly in the echo's wave; when it comes to the waters, it grows silent; on the heights you can hear its double hum. It loves the turmoil of battle, it shuns peace; it is not granted to men or women, but every animal has it—only you must dissect it—but every animal has it—only you must dissect it. It isn't to be found in poetry; science has it, science has it, science above all, science above all, also theology and philosophy. Among heroes it always presides, but the weak are never internally without it; it is in its proper place in every house, for if it were lacking there, that would be an end of it. Small in Greece and on the banks of the Tiber, it became bigger, biggest in Germany. It is hidden in the shadows, also in the little flowers; you utter it daily; it is only a (what is it?). It is only a ———.*

* Schumann's footnote: The composer believes that by suppressing the last syllable he has made his statement clearly enough.

[Translator's note: the answer is the letter *H*, which appears in the German words *Himmel* (heaven), *Hölle* (hell), *Echo* (echo), *Fluth* (waters; in Schumann's time the *H* in this word was silent, now it is not even used), *Höh'n* (heights; here it appears twice, hence "double hum"), *Schlachtengewühl* (turmoil of battle), *Thier* (animal; the *H* is not used in the modern spelling), *Wissenschaft* (science), *Gottesgelahrtheit* (theology), *Philosophie* (philosophy), *Helden* (heroes; here the *H* "presides," i.e., comes first), *Schwachen* (the weak; here it occurs "internally"), *Haus* (house; and if the *Haus* lacked the *H*, it would become *aus*—"that would be an end of it"), *Schatten* (shadows), *Blümchen* (little flowers). The *H* is lacking in the German words *Frieden* (peace), *Männer* (men), *Frauen* (women) and *Poesie* (poetry). The missing last word of the song (supplying the rhyme to *auch*) is *Hauch*, "a puff of breath."]

17 & 18. Zwei Venetianische Lieder [Two Venetian Songs; German adaptations from Moore by Freiligrath]

I (17). Row quietly here, my gondolier, quietly, quietly, quietly! Let the water spray from the oar so quietly that only she to whom we are going can hear us. Oh, if the sky could speak as well as it can gaze down, it would surely tell a lot about what the stars see at night. Quietly, quietly, quietly, quietly! Now stop here, my gondolier, softly, softly! Put the oars into the boat, softly, softly; I will climb up to the balcony, but you keep watch below. Oh, if we would only devote ourselves to heaven half as eagerly as we do to the service of beautiful women, we could surely be angels! Softly, softly, softly, softly!

II (18). When the evening breeze blows through the piazzetta, then you know, Ninetta, who stands waiting here. You know who recognizes you in spite of veil and mask, as Amor knows Venus in the night sky.

A boatman's garb I wear at the same time, and, trembling, I say to you: "The boat is ready." Oh, come where clouds still pass across the moon; let us flee through the lagoons, my darling!

19. Hauptmann's Weib [Captain's Wife; after Burns]

To horse! Steel on her soft body, helmet and sword are becoming to a captain's wife! When drumbeats resound amid clouds of powder, you see bloody days and your loved one in battle. If we beat the enemy, you will kiss your husband and live together with him in the shadow of peace. To horse! Steel on her soft body, helmet and sword are becoming to a captain's wife!

20. Weit, weit [Far, Far; after Burns]

How can I be cheerful and merry and whirl about nimbly with the sorrow that I have? The handsome boy who loves me is over the hills, far, far, is over the hills, far, far!

What do I care about the winter's frost, whether it is storming and snowing outside? Tears glisten in my eyes when I think of him who is far, far, when I think of him who is far, far!

He gave me these gloves, this colorful kerchief, this silk dress: but he, in whose honor I wear them, is over the hills, far, far, is over the hills, far, far.

21. Was will die einsame Thräne? [Why This Lone Tear?; text by Heine]

Why this lone tear? It troubles my sight. It has remained in my eye since a time long past. It once had many gleaming sisters, which have all flowed away, flowed away with my sorrows and joys into the night and the wind. Dissolved in mist, like them, are the blue stars that smiled those joys and sorrows into my heart. Ah, my love itself dissolved like an idle breath! You old, lonely tear, you too flow away now!

22. Niemand [No One; companion piece to No. 4, "Some-one"; after Burns]

I alone possess my wife and, to be sure, share her with No One; I don't want to be a cuckold, and I make No One a cuckold. I own a sack of gold, but have No One to thank for it; I have nothing to lend and wish to borrow from No One.

I am not the master of others, and am subject to No One; but my sword can pierce and I fear No One. I'm a merry devil and am gloomy with No One; if No One cares about me, well, I care about No One.

23. Im Westen [In the West; after Burns]

I look over Forth, over to the north: what good to me are the north and the highland snow? What good are the east and the south, where the sun shines hotly, distant lands and the wild sea? From the west, where the sun goes down, there beckons all that makes me happy when I slumber and dream. In the west lives the man who rewards me with love, who pressed me and my child to his heart.

24. Du bist wie eine Blume [You are Like a Flower; text by Heine]

You are like a flower, so beautiful, so pure and fair; I look at you and melancholy steals into my heart. I feel as if I ought to place my hands on your head and pray God to keep you so beautiful, so pure and fair.

25. Aus den östlichen Rosen [From Rückert's *Roses from the East*]

I send a greeting like the fragrance of roses; I send it to one with a face like a rose. I send a greeting like the caress of spring-time; I send it to one with eyes full of spring light. From storms of sorrow, which ravage my heart, I send this breath: may it not touch you ungently! When you think of the joyless man, the sky of my nights grows bright, the sky of my nights grows bright.

26. Zum Schluss [In Conclusion; text by Rückert]

Here in this stifling, earthbound atmosphere, where melancholy distills drop by drop, I have plaited this imperfect wreath for you, my sister, my bride! When we are received above and God's sun looks upon us, love will plait the perfect wreath for us, my sister, my bride!

Zwölf Gedichte von Justinus Kerner [Twelve Poems by Justinus Kerner], Op. 35

Composed 1840; dedicated to Dr. Friedrich Weber, London

1. Lust der Sturmnacht [Pleasure of the Stormy Night]

When rain pours down outside over mountains and valleys, when storms roar, when inn signs and windows clatter loudly and foot travelers go astray in the night, it is so pleasantly restful in here. Dissolved into blissful loving, all the golden glow of heaven takes refuge in this quiet room. Richness of life, have pity, hold me tight in lovely arms! Spring flowers force their way upward, light little clouds drift by and birds sing. Never end, wild night of storms! Windows, clatter! Signs, swing! Rear up, forests! Roar, waves! I am embraced by heavenly brightness, I am embraced by heavenly brightness!

2. Stirb, Lieb' und Freud'! [Die, Love and Joy!]

In Augsburg there is a tall house, close to the old cathedral; on a bright morning a very pious girl walks out of it. Song resounds; the lovely, lovely person makes her way to the cathedral. There before the sacred image of the Virgin she kneels down in prayer; Heaven has filled her heart and all worldly pleasures flee: "O spotless Virgin! let me alone be your own!" Thereupon the hollow tone of the bells awakens those who pray; the girl walks down the nave, not knowing what she is wearing: a wreath of lilies on her head, all formed of light from Heaven. In amazement all the people look at this bright wreath in her hair. But the girl does not walk far; she steps up to the high altar: "Though I am but a poor maiden, consecrate me as a nun; die, love and joy!" God grant that this girl wear her wreath in peace; she is the one dearest to my heart and will always be so until Judgment Day. She is unaware of it; my heart is breaking; die, love and light!

3. Wanderlust [The Urge to Travel]

Now then! let's have a last drink of the sparkling wine! Farewell now, my dear ones, we must part! Farewell, now, you mountains and my father's house! I have a mighty desire to see faraway places! The sun doesn't stay in one spot in the sky, it has an urge to go over land and sea; the waves don't adhere to the lonely shore, the storms roar across the land with might! The birds travel along with the hurrying clouds and in the distant land sing a song of home. In just that way, a young man feels driven to cross forests and fields, imitating his mother: the wandering world! There over the sea, birds give him a familiar greeting—they flew there from the meadows of home. There the flowers confidingly spread their fragrance around him—the winds bore them there from his own country. The birds know his father's house, the flowers are ones he picked for his sweetheart's bouquet. And love follows him and is always by his side; and so the most distant land becomes like his homeland, and so the most distant land becomes like his homeland. Now then! let's have a last drink of the sparkling wine! Farewell now, my dear ones, we must part! Farewell, now, you mountains and my father's house! I have a mighty desire to see faraway places, I have a mighty desire to see faraway places!

4. Erstes Grün [First Green]

You young green shoots, you fresh grass, how many a heart you have healed that had been made sick by the snow of winter; oh, how my heart longs for you! You are already growing out of the earth's night; how my eyes are gladdened at the sight of you! Here in the silent depths of the forest I press your greenness to my heart and my lips! What an urge I have to avoid mankind! No human words can remove my sorrow; only young green shoots placed on my heart can make it beat more quietly.

5. Sehnsucht nach der Waldgegend [Nostalgia for the Forest Region]

I wish I had never left you, noble and wondrous forests! You held me in such loving embrace so many a long year! There in your twilights where birds sang and silvery springs murmured, many a song also rose fresh and bright from my heart. Your waters, your naves, your never-tiring rustling, all your melodies awakened a song in my breast. Here in these broad pastures I find everything barren and mute, and I look up to the blue skies, trying to see cloud shapes. When it is forced into the heart, song stirs only seldom: just as a bird sings only halfheartedly when separated from trees and leaves.

6. Auf das Trinkglas eines verstorbenen Freundes [On the Drinking Glass of a Dead Friend]

You splendid glass, now you stand empty, glass that he often raised with pleasure. Meanwhile the spider has spun a dismal crape around you. Now you shall be filled moon-bright with the gold of the German vines! I look down into the sacred glow of your depths with pious trembling. What I espy at the bottom cannot be spoken of to the common herd. But it becomes clear to me at this moment that nothing can separate friend from friend. To this belief, precious glass, I drain you courageously! The gold of the stars is clearly reflected, O goblet, in your dear blood! Quietly the moon passes over the valley. The hour of midnight tolls with gravity. The glass is empty! The sacred sound is re-echoed in its crystal depths.

7. Wanderung [Journey on Foot]

Now then! let us journey vigorously into unknown territory! Severed, ah! severed is many a dear tie. You roadside crosses of my homeland where I often lay in prayer; you trees, ah! you hills—oh, bless me as you watch me depart! The broad earth still lies in slumber; no bird wakens the grove; but I am not forsaken, but I am not alone, for ah! over my heart I wear her dear love-token; I feel it, and earth and sky are joined to me in an intimate relationship, are joined to me in an intimate relationship.

8. Stille Liebe [Quiet Love]

If I could praise you in songs, I would sing you the longest song; yes, I would sing to you in all modes and never tire. But I have always been saddened by the fact that I have never been able to do more than carry you silently, my darling, in my heart's shrine. This pain has compelled me to sing this little song, although I am penetrated by the bitter sorrow that no song of mine has yet been worthy of you.

9. Frage [Question]

If you did not exist, sacred glow of evening! if you did not exist, night illumined by stars! you ornament of blossoms! you luxuriant grove! and you, mountain range full of grave splendor! you birdsong from high in the skies! you song pouring from the fullness of the human heart; if you did not exist, then what would be left to fill a heart with pleasure in difficult hours?

10. Stille Thränen [Quiet Tears]

You have arisen from sleep and are walking through the meadow, while over all the land the sky hangs miraculously blue. All the time you slumbered, free of cares and without pain, the sky until morning poured down many tears. In the quietness of nights many a man weeps out his sorrow, and then in the morning people think his heart is always happy, and then in the morning people think his heart is always happy!

11. Wer machte dich so krank? [Who Made You So Ill?]

Your severe illness, who was the cause of it? It was no cold blast from the north and no starry night. It was no shade of trees and no heat of sunbeams. It was no slumber and no dreaming in the flowery bed of the valley. If I bear mortal wounds, it is the fault of other people; nature caused me to grow well, but they give me no peace!

12. Alte Laute [Sounds from the Past]

Do you hear the bird singing? Do you see the tree in blossom? My heart, can't that shake you out of your troubling dream? What do I hear? Past sounds from a melancholy young man's heart in the days when I trusted the world and its pleasures. The days have gone by; no herb from the meadows can heal me, and from my troubling dream only an angel can awaken me.

Sechs Gedichte aus dem Liederbuche eines Malers, von Reinick [Six Songs from Reinick's *A Painter's Songbook*], Op. 36

Composed 1840; dedicated to Dr. Livia Frege, née Gerhardt

1. Sonntags am Rhein [Sunday on the Rhine]

On Sunday in the morning hours it is so lovely to travel on the Rhine while far and wide all around the morning bells are ringing! A small boat moves upon the blue waters; in it there is singing and merriment. Tell me, little boat, is it good sailing toward all that pleasure? From the village, organ music resounds and a pious song is heard; there a solemn procession files out of the chapel. And upon all this splendor the castle looks down gravely and speaks of the good old days when people built on rock. All of this the marvelous Rhine offers on its vineclad banks, and reflects the entire fatherland clearly on its bright surface—the pious, faithful fatherland in its full glory, upon which a loving God has bestowed pleasure and song everywhere.

2. Ständchen [Serenade]

Come into the quiet night, dearest; why do you hesitate? The sun went to rest long ago and the world has closed its eyes. Round about, only love is awake!

Dearest, why do you hesitate? The stars are already bright, the moon is already in its place, and they hurry by so fast, so fast. Dearest, my dearest, that's why you should hurry, too!

Only love is awake and calls to you everywhere! Listen to the nightingale, listen to the sound of my voice, dearest; oh, come into the quiet night!

3. Nichts Schöneres [Nothing More Beautiful]

When I first saw you and saw how lovely you were, how beautiful, then it never occurred to me in all my life that there could ever be anything more beautiful than to gaze constantly into your two lovely eyes. Then I kept on gazing until you became my fiancée, and again it didn't occur to me that there could ever be anything more beautiful than constantly to gorge this way on kisses from your red lips. Then I kept on kissing until you became my wife, and now I can give assurance that there can never be anything more beautiful than to be so thoroughly united in soul and body with one's dear wife, united in soul and body, to be so thoroughly united in soul and body.

4. An den Sonnenschein [To the Sunshine]

O sunshine, O sunshine! how you shine into my heart, awakening nothing but the pleasure of love there, so that there is no more room in my breast. And my chamber and my house grow too small for me, too, and when I dash out of my gateway you lure the loveliest girls, the loveliest girls into the fresh green countryside. O sunshine, do you really believe that I will imitate you and kiss every good-looking flower as soon as it opens? After all, you've observed the world so long and you know that wouldn't be proper for me. Then why do you cause me such pain? O sunshine, O sunshine!

5. Dichters Genesung [Poet's Recovery from Illness]

And once more my thoughts had turned to the very beautiful woman whom I had so far seen only in dreams; I was irresistibly drawn outside into the bright night and compelled to walk through quiet grounds. Then all at once the valley shone, frighteningly as if it were the hall of a haunted mansion. Then the river and the winds with tinkling and hissing resounded together in a dance tune, then I felt the rushing past of a hasty procession coming from the cliffs and the valley, from the streams and the bushes, and—a white circle in the moonlight—the elves performed their round dance. And in the midst of the circle: a woman formed of air; it was their queen. I heard her sing: "Abandon your heavy earthly body, abandon your foolish earthly things! Only in the moonlight is there life! Only when one floats in dreams can one enjoy eternal existence. I am she who often saw you in dreams; I am she of whom you have often sung as your loved one; I am she, the queen of the elves. You wanted to see me, you have succeeded. Now you shall be mine forever; come along with me, come along and join the elfin circle." They were already moving and flying all around me, when a morning breeze blew and I recovered. Farewell now, queen of the elves, now I will choose someone else to love, without deceit or illusion, and I will surely be able to find one pure of heart, I will surely be able to find one.

6. Liebesbotschaft [A Lover's Message]

You clouds hastening eastward, where the one girl I love dwells, may all my wishes, my hopes and songs fly along on your wings; may they direct you to her, you impetuous ones, so that the modest girl will think of me faithfully. If morning dreams are still lulling her to sleep, float softly into the garden, drop down upon the shadowy area in the form of dew and strew pearls onto the flowers and trees, so that when the dear girl comes that way all the happy blossoms will open with a brighter splendor. And in the evening in quiet repose, spread out toward the sinking sun; you can paint yourselves with purple and gold, you can sail in the sea of bright beams and rays like a lightly skimming boat, so that she will think she sees singing angels on you. Yes, they might well be angels if my heart were as pure as hers, as hers; all my wishes, my hopes and songs are indeed departing on your wings, in order to direct you, you impetuous ones, to direct you, you impetuous ones, to the modest girl, to the modest girl who is the only one I wish to think of, who is the only one I wish to think of!

Liederkreis [Song Cycle], Op. 39

Texts by Eichendorff; composed 1840

1. In der Fremde [In Foreign Parts]

The clouds are coming from my homeland behind the red lightning flashes. But Father and Mother are long dead; no one there knows me any more. How soon, oh how soon, the quiet time will come when I too will rest, when I too will rest and above me the beautiful solitary forest will rustle, the beautiful solitary forest, and no one here will know me anymore, and no one here will know me anymore.

2. Intermezzo

Your wonderful, blessed portrait I carry in the depths of my heart; it looks at me so youthfully and gaily at all times. My heart quietly sings within itself a beautiful old song that takes wing into the air and hastens to find you. Your wonderful, blessed portrait I carry in the depths of my heart; it looks at me so youthfully and gaily at all, all times.

3. Waldesgespräch [Conversation in the Forest]

"It is late by now, it is cold by now; why are you riding your horse all alone through the forest? The forest is wide, you are

alone, you beautiful bride, I will lead you home!" "Great are the treachery and deceit of men; my heart is broken with sorrow; the hunting horn must be straying here and there; flee, flee, you do not know who I am." "So richly adorned are steed and woman, so wondrously beautiful, so wondrously beautiful her young body; now I recognize you—God be with me!—you are the witch Loreley!" "You have recognized me truly, you have recognized me truly; my castle silently gazes deep down into the Rhine from its lofty crag; it is late by now, it is cold by now; you will never find your way out of this forest, never, never out of this forest!"

4. Die Stille [The Quiet Woman]

No one can know or guess how good I feel, how good! Ah, if only one man knew, only one man—no other human being should know! There is no quiet like this outside in the snow; the stars far above are not so mute and taciturn as my thoughts are. I wish I were a little bird and could fly over the sea, yes, over the sea and even farther, until I reached Heaven. No one can know or guess how good I feel, how good! Ah, if only one man knew, only one man—no other human being should know, no other human being should know.

5. Mondnacht [Moonlight Night]

It was as if the sky had quietly kissed the earth, so that she in her flowery glow would dream only of him. The breeze passed through the fields, the ears of grain waved softly, the forests rustled gently, the night was so starry-bright. And my soul spread its wings wide and flew over the quiet countryside as if it were flying homeward.

6. Schöne Fremde [A Beautiful Spot in Foreign Parts]

The treetops rustle and shudder, as if the ancient gods were at this very moment making the rounds along these half-buried walls. Here behind the myrtle trees, in the splendor of a mysterious twilight, why do you speak to me confusedly, as if lost in dreams, you fantastic night?! All the stars twinkle to me with a gaze of ardent love; far-off places speak to me intoxicatedly as of a great happiness that is to come!

7. Auf einer Burg [Within the Grounds of a Castle]

The old knight has fallen asleep at his lookout post up there; over there rain showers pass and the forest rustles through the railing. His beard and hair have taken root, his breastplate and ruff have turned to stone, and he has sat up there in his quiet hermitage for hundreds and hundreds of years. Outside it is quiet and peaceful; everyone has gone down to the valley; solitary forest birds sing in the empty window arches. A wedding party is sailing down there in the sunshine on the Rhine; musicians are playing merrily and the beautiful bride—she is weeping.

8. In der Fremde [In Foreign Parts]

I hear the brooks splashing here and there in the forest; in the forest, in the rustling, I don't know where I am. The nightingales are singing here in the solitude, as if they wanted to tell something about the beautiful old days! The moonbeams fly as if I saw the castle lying in the valley below, and yet it is so far from here! As if my sweetheart must be waiting for me in the garden full of red and white roses, and yet she has been dead so long, and yet she has been dead so long.

9. Wehmuth [Melancholy]

It's true, I can sometimes sing as if I were happy; but, in secret, tears well up and that relieves my heart. When spring breezes play outdoors, nightingales let the song of longing pour forth from the crypt of their dungeon. Then all hearts listen and everyone rejoices, but no one feels the pains, the deep sorrow in the song.

10. Zwielicht [Twilight]

Dusk is about to spread its wings; the trees quiver in alarm; clouds pass overhead like heavy dreams—what is the meaning of this terror? If you have a deer you love above all others, don't let it graze alone; huntsmen roam in the forest blowing their horn, voices wander back and forth. If you have a friend here on earth, don't trust him now; he may show friendship with his eyes and mouth, but he is planning war during this insidious peace. That which sinks in weariness today, rises new-born tomorrow. Many things are lost in night; be on your guard, be watchful and alert!

11. Im Walde [In the Forest]

A wedding party was passing along the mountainside, and I heard the birds singing, when a company of horsemen flashed into view and horns resounded: that was a merry hunt! And before I knew it, every echo had died away. Night covers the world all around; by now, forest rustling is heard only from the mountains, and I shudder in the depths of my heart, and I shudder in the depths of my heart.

12. Frühlingsnacht [Spring Night]

Over the garden through the air I heard migratory birds passing. That is a sign of spring fragrance; down there blossoms are already appearing. I feel like exulting, I feel like weeping; it seems to me that it just can't be! All miracles are once more shining in along with the moonlight. And the moon, the stars say it, and the rustling grove whispers it in its dreams, and the nightingales sing it: "She is yours, she is yours!"

Frauenliebe und Leben [Women's Love and Life], Op. 42

Texts by Chamisso; composed 1840; dedicated to Oswald Lorenz

1. Since I first saw him, I have seemed to be blind; wherever I look I see only him. As in a waking dream his image hovers before me and emerges from deepest darkness all the brighter, all the brighter. Everything else around me is deprived of light and colorless; I no longer desire to join in my sisters' games; I would rather weep silently in my little room. Since I first saw him, I have seemed to be blind.

2. He, the most splendid of all men, how gentle he is, how kind! Fine lips, bright eyes, clear mind and firm spirit. Just like the star, shining and splendid there in the blue, so does he appear in my sky, shining and splendid, noble and distant. Go, go your ways; all I wish is to observe your radiance, merely to observe it humbly, merely to be blissful and sorrowful. Do not hear my quiet prayer, devoted exclusively to your happiness; it is not right for you to know me, a lowly maiden, you lofty star of spendor, lofty star of splendor! Only the worthiest woman of all may justify your choice by bringing you gladness, and I will bless the lofty woman thousands and thousands of times. Then I will rejoice and weep, then I will be blissful, blissful; even if my heart should break—break, my heart, what does it matter? He, the most splendid of all men, how gentle he is, how kind! Fine lips, bright eyes, clear mind and firm spirit, how gentle, how kind!

3. I can't grasp it, can't believe it; a dream has beguiled me. How could he have chosen poor me from among all women to elevate to his level and to make glad? It seemed to me he said: "I am yours forever." It seemed to me I was still dreaming; after all, it can't possibly be true; after all, it can't possibly be true! Oh, let me die while still in my dream, cradled in his embrace; let me enjoy the most blissful death, drinking tears of infinite pleasure. I can't grasp it, can't believe it; a dream has beguiled me. How could he have chosen poor me from among all women to elevate to his level and to make glad? I can't grasp it, can't believe it; a dream has beguiled me.

4. You ring on my finger, my little gold ring, I press you piously to my lips, piously to my lips, to my heart. I had dreamed it to the end, the peacefully beautiful dream of my childhood; I found myself alone, forsaken in an infinite barren space. You ring on my finger, then you began to teach me, you opened my eyes to the infinite, deep value of life. I want to serve him, live for him, belong to him completely, to sacrifice myself and find myself transfigured, and find myself transfigured in his radiance. You ring on my finger, my little gold ring, I press you piously to my lips, piously to my lips, to my heart!

5. Sisters, be friendly and help me adorn myself; be of service today to happy me! Busily wind about my forehead the wreath of blossoming myrtle! On other days when I rested, in peace and joyful at heart, in my lover's arms, he would always, with longing in his heart, call impatiently for this day. Help me, sisters, help me dispel a foolish fearfulness, so that I can receive him with clear eyes, him, the fountain of happiness. Have you appeared to me, my loved one? Are you giving me your warmth, O sun? Let me in worship, let me in humility, let me bow down to my lord and master. Strew flowers, sisters, strew flowers for him, bring him budding roses. But you, my sisters, I greet with melancholy as I joyfully depart from your circle, as I joyfully depart from your circle.

6. Sweet friend, you look at me with wondering eyes; you cannot understand how I can weep. Let the unaccustomed adornment of these moist pearls tremble with joyous brightness in my eyes! How fearful my heart is, how filled with bliss, if I only knew how to say it with words! Come and bury your face here on my bosom, and I shall whisper all my pleasure in your ear. Now that you know the tears that I can weep, you shall not see them, you beloved, beloved man! Stay here close to my heart, feel its beating, so that I can press you close and closer to me, close and closer! Here by my bed there is room for the cradle, where it can quietly shelter my sweet dream; the morning will come when the dream awakens and from it your likeness will smile at me, your likeness!

7. On my heart, on my breast, you my bliss, you my pleasure! Happiness is love, love is happiness; that's what I say and I won't take it back. I esteemed myself excessively, but now I am happier than happy. Only the woman who nurses her child, only the woman who loves the child to whom she gives nourishment, only a mother knows what it means to love and to be happy. Oh, how sorry I feel for the man, since he cannot feel the happiness of motherhood! You dear, dear angel, you look at me and smile as you do so! On my heart, on my breast, you my bliss, you my pleasure!

8. Now for the first time you have given me pain, but a pain that struck its mark! You hard, merciless man, you are sleeping the sleep of death. The forsaken woman just sits and stares; the

world is empty, is empty. I have loved and lived; I am not alive any more. I withdraw silently within myself; the veil falls. There I have you and my lost happiness, you my universe!

Dichterliebe [A Poet's Love], Op. 48

Texts by Heine, from the "Book of Songs"; composed 1840; dedicated to Wilhelmine Schröder-Devrient

1. In the magically beautiful month of May, when all the buds were bursting, love sprouted in my heart. In the magically beautiful month of May, when all the birds were singing, I confessed to her my longing and desire.

2. From my tears many blossoming flowers shoot, and my sighs become a chorus of nightingales. And if you love me, my child, I will make you a present of all the flowers, and outside your window will be heard the song of the nightingale.

3. The rose, the lily, the dove, the sun—I once loved them all in loving rapture. I don't love them any more; I love only the little girl, the fine girl, the pure girl, the one girl. She herself, the rapture of all love, is rose and lily and dove and sun; I love only the little girl, the fine girl, the pure girl, the one girl, the one girl!

4. When I look into your eyes, all my sorrow and pain disappear; but when I kiss your lips, I regain my health totally. When I lean upon your breast, I get a feeling of heavenly pleasure; but when you say "I love you," I have to weep bitterly.

5. I want to plunge my soul into the chalice of the lily; the lily shall emit sound, breathing forth a song about my dearest one. The song shall shiver and tremble like the kiss of her lips that she once gave me in a magically sweet hour!

6. In the Rhine, in the holy river, is reflected in the waves, with its great cathedral, the great, holy Cologne. In the cathedral there is a portrait, painted on gilded leather; it has shed friendly beams upon the wilderness of my life. Flowers and angels hover around the blessed Virgin; her eyes, her lips, her lips, her cheeks are exactly like those of my sweetheart.

7. I bear no resentment, even if my heart breaks. Sweetheart eternally lost to me, sweetheart eternally lost to me, I bear no resentment, I bear no resentment, I bear no resentment. Even though you gleam with the splendor of your diamonds, no gleam falls into the night of your heart; that I have long known. I bear no resentment, even if my heart breaks. Yes, I saw you in a dream, and saw the night inside your heart, and saw the serpent that gnaws at your heart; I saw, my dearest, how very miserable you are. I bear no resentment, I bear no resentment.

8. And if the little flowers knew how sorely wounded my heart is, they would weep with me to heal my pain. And if the nightingales knew how sad and sick I am, they would gaily pour forth refreshing song. And if the golden stars knew of my sorrow, they would come down from their high place and speak consolingly to me. But all of these cannot possibly know; only one woman knows my pain: for she herself has torn apart, torn apart my heart.

9. What a sound of flutes and fiddles! Trumpets join in with their blare, trumpets join in with their blare. I suppose my dear sweetheart, my dear sweetheart is dancing there at her wedding. What a clanging and droning, what a clanging and droning, what a sound of drums and pipes! In the midst of it all the dear angels are sobbing and moaning, in the midst of it all they are sobbing and moaning.

10. When I hear the song that my dearest once sang, my heart feels as if it will burst from the pressure of the fierce pain. A gloomy longing urges me out and up to the wooded mountainside; there my excessive grief is dissolved in tears.

11. A young man loves a girl, and she has chosen another man. That other man loves another woman and has married her. Out of vexation the girl takes the next man who happens to come her way. The young man is in a sad state. It's an old story but is always new; if you find it happening to you, your heart breaks.

12. On a radiant summer morning I walk around in my garden. The flowers are whispering and talking, but I go about in silence. The flowers are whispering and talking, and looking at me with sympathy: "Don't be angry with our sister, you sorrowful, pale man!"

13. I wept as I was dreaming; I dreamt you were in your grave. I awoke and the tears were still trickling from my cheeks. I wept as I was dreaming; I dreamt you abandoned me. I awoke and I continued to weep bitterly for some time. I wept as I was dreaming; I dreamt that you still cared for me. I awoke and tears are still pouring forth like a river.

14. Every night in my dreams I see you, and see you warmly, warmly greet me, and, bursting into loud weeping, I throw myself at your sweet feet. You look at me with melancholy and you shake, you shake your dear blonde head; from your eyes pearly teardrops come stealing. You say something to me secretly and quietly, and you give me the bouquet, the bouquet of cypress. I wake up, and the bouquet is gone, and I have forgotten what you told me.

15. Old folk tales beckon to me with a dainty white hand; I hear singing and music telling of a magic land where colorful flowers bloom in the golden light of evening, spreading sweet fragrance, their bride-like faces gleaming. And green trees sing age-old melodies; the breezes resound mysteriously and birds add their loud voices. And misty shapes arise from the earth and join in airy round dances, forming a magical chorus. And blue sparks burn on every leaf and twig, and red lights run in a giddy, confused circle, and colorful fountains burst forth from deserted blocks of marble, and the reflection beams forth strangely in the brooks. Ah! Ah! Ah, if I could go there and gladden my heart there, and be released from all sorrow, and be free and blissful! Ah, that land of rapture, I often see it in my dreams, but when the morning sun comes, it dissolves like an empty dream, it dissolves like an empty dream.

16. The old, spiteful songs, the spiteful and mean dreams, let's bury them now; fetch a big coffin. Into it I will place many, many things, but I won't say what. The coffin must be even bigger than the huge wine cask at Heidelberg. And fetch a bier, and strong, thick boards; it also must be longer than the bridge at Mainz. And fetch me twelve giants, who must be stronger than Saint Christopher in the cathedral at Cologne on the Rhine; they are to carry away the coffin and drop it into the sea; for such a big coffin calls for a big grave. Do you know why the coffin is to be so big and heavy? I also dropped my love and my sorrow into it!

Individual Songs

Der Hidalgo [The Hidalgo; No. 3 of *Drei Gedichte von Emanuel Geibel* (Three Poems by Emanuel Geibel), Op. 30; composed 1840; dedicated to Josephine Baroni-Casalcabò, née Countess Castiglione]

It is so sweet to jest with songs and with hearts and with serious combat! When the moon's glimmering appears, I simply must leave my room and roam far through squares and alleys; then I am always ready for love or for a fight, or for a fight! It is so sweet to jest with songs and with hearts and with serious combat, and with serious combat. The beauties of Seville with fan and mantilla look down the river; they listen with pleasure when my songs ring out to the sound of the mandolin, and dark roses fall from the balcony as a sign of thanks. When I sing I carry a guitar and a blade of Toledo steel. I sing outside many a grilled window, and I especially mock many a knight with an insolent song; the guitar is for the ladies, the blade for my rival! Off, then, to adventure! The sun's fire has already gone out behind the mountains. The dusky hours of the moonlight night bring tidings of love, they bring a bloody skirmish, and tomorrow I shall carry home flowers or wounds. Off, then, to adventure! The sun's fire has already gone out behind the mountains, behind the mountains. And tomorrow I shall carry home flowers or wounds!

Die Löwenbraut [The Lion's Bride; No. 1 of *Drei Gesänge* (Three Songs), Op. 31; text by Chamisso; composed 1840; dedicated to Countess Ernestine von Zedtwitz]

Adorned with myrtle and bridal jewelry, the keeper's daughter, the rosy maiden, enters the lion's cage; he lies down and curls up at his mistress' feet. The powerful beast, wild and unruly before, looks up at his mistress submissively and intelligently; the gentle and lovely virgin caresses him softly and at the same time weeps: "In days that are no more, we were really faithful playmates, like two children, and loved each other and enjoyed each other's company; childhood days are far from us now. Before we realized it, you were tossing your royal head with its flowing mane; I have grown up; you see, I am, I am no longer a child with childish thoughts. Oh, I wish I were still a child and could stay with you, my strong, loyal, honest creature! But—they have forced me into it—I must follow a strange man into a strange land. He took a notion that I was beautiful, I was courted, and now it's all over. I have a wreath in my hair, my good comrade, and my sight is clouded by tears. Do you understand all that I am saying? You have a fierce expression. I myself am resigned to it, so you be calm, too. I see him coming there, the man I must follow, so, my friend, I kiss you for the last time!" And as the girl's lips touch him, the cage is seen to shake, and as he espies the young man near the cage, terror seizes the fearful bride. He moves powerfully to the door of the cage, he lashes his tail, he roars powerfully. Imploringly, imperiously and threateningly she demands to leave; he angrily denies exit. And outside, confused shouting is heard. The young man calls: "Bring weapons; I'll shoot him down, I won't miss!" The lion, irritated, roars, foaming with rage. The wretched girl attempts to approach the door; then, transformed, he attacks his mistress. Her beautiful form, a gruesome prey, lies in the dust bloody, mangled, disfigured. And after shedding that dear blood, he lies down by the corpse with a gloomy spirit; he lies there so lost in mourning and pain until the fatal bullet finds his heart.

Die beiden Grenadiere [The Two Grenadiers; No. 1 of *Romanzen und Balladen* (Romances and Ballads), Vol. II, Op. 49; text by Heine; composed 1840]

Two grenadiers were making their way toward France; they had been prisoners in Russia. And when they came to German territory, their heads sank down. There they both heard the sorrowful news that France was lost, its brave army defeated and routed, and the Emperor, the Emperor a prisoner! Then the grenadiers wept together over the bitter tidings. One of them said: "How it hurts me, how my old wound burns!" The other said: "It's all over; I too would like to die with you, but I have a wife and child at home who will go to ruin without me." "What care I for wife? What care I for child? My desire is a far better one. Let them go beg if they're hungry—my Emperor, my Emperor a prisoner! Grant me one request, brother: if I die now, take my body back to France, bury me in French soil. Place my medal of honor with its red ribbon upon my heart; place my rifle in my hand and gird on my saber. In that way I shall lie and silently listen, like a sentinel, in my grave until one day I hear the roaring of cannon and the hoofbeats of neighing steeds. Then surely my Emperor will ride over my grave, many swords will clatter and flash, many swords will clatter and flash. Then I will climb out of my grave fully armed, to defend the Emperor, the Emperor!"

Volksliedchen [Little Folk Song; No. 2 of *Lieder und Gesänge* (Songs), Vol. II, Op. 51; text by Rückert; composed 1842]

When I go into the garden early in the morning wearing my green hat, my first thought is: "What is my lover doing now?" There is no star in the sky I would not give my friend; I would gladly give him my heart if I could take it out. When I go into the garden early in the morning wearing my green hat, my first thought is: "What is my lover doing now?" My first thought is: "What is my lover doing now?"

Blondel's Lied [Blondel's Song; No. 1 of *Romanzen und Balladen*, Vol. III, Op. 53; text by Seidl, composed 1840]

Gazing toward the iron bars in the bright moonlight stands a minstrel with his lute before Castle Dürrenstein. He tunes his instrument to a soft melody and begins to sing to it, for a premonition says quietly to him: "Seek faithfully and you will find!" King Richard, hero of the East, have you really already perished? Must your sword rust in the sea, or does a distant grave cover you? Seeking you on all roads, your minstrel roams without respite, for a quiet stirring tells him: "Seek faithfully and you will find!" Keep hoping, Richard, and be confident; loyalty directs and guides me! And in our far-off native land, love is silently praying for you! Blondel follows your paths, Margot beckons to you longingly; a premonition tells your minstrel: "Seek faithfully and you will find!" Listen! there comes a quiet, quiet tune from the castle dungeon; a well-known melody falls upon Blondel's listening ears. Like the heartfelt call of a friend, his own song is repeated to him and his premonition tells him more loudly: "Seek faithfully and you will find!" What he sang, he sings again, and again it is repeated to him; a sweet echo comes to him—no illusion, certain happiness! The man he seeks over all his paths, ah, his king calls to him; not in vain was his premonition: "Seek faithfully and you will find!" He hurries home with the tidings; there sorrow and joy are great; he hurries back with a noble company and ransoms his beloved king. As the happy band gazes at him all around, the hero dashes toward the singer; the melody has kept its word: "Seek faithfully and you will find!"

Der arme Peter [Poor Peter; No. 3 of *Romanzen und Balladen*, Vol. III, Op. 53; text by Heine; composed 1840]

I. Hans and Grete dance all around and yell in the fullness of their joy. Peter stands so still and so silently and is as white as chalk. Hans and Grete are groom and bride and their wedding jewelry flashes. Poor Peter chews his nails and stands there in his everyday clothes. Peter talks to himself softly and looks sadly at the two: "Oh, if I weren't as sensible as I am, I would do myself an injury."

II. In my heart there sits a sorrow that feels as if my heart would burst; and wherever I am, wherever I go, I can't stay put. I have an urge to be near my darling, as if Grete could cure me; but when I look into her eyes, I must rush away. I climb up to the mountaintop, because there you can be alone; and when I stand quietly up there, I stand quietly and weep.

III. Poor Peter staggers by, very slowly, pale as a corpse and timid. When people on the street see him, they are almost rooted to the spot. The girls whisper in each other's ears: "He must have come out of the grave!" Oh no, you dear maidens, now he is just going into his grave. He has lost his sweetheart, and so the grave is the best place for him to lie and sleep until Judgment Day!

Die Soldatenbraut [The Soldier's Fiancée; No. 1 of *Romanzen und Balladen*, Vol. IV, Op. 64, text by Mörike; composed 1847]

Oh, if only the King knew, too, how brave my darling is! For the King he would lay down his life, but he'd do the same for me, but he'd do the same for me. My darling has no ribbon and no star, no medal like the aristocratic gentlemen; nor will my darling ever be a general; I only hope he gets his discharge someday, I only hope he gets his discharge someday! Three stars are shining so brightly there over the Virgin's chapel; there we will be united by a rose-red ribbon and a cross for our home will also be there! Oh, if only the King knew, too, how brave my darling is! For the King he would lay down his life, but he'd do the same for me, but he'd do the same for me, but he'd do the same for me!

Das verlassne Mägdelein [The Forsaken Girl; No. 2 of *Romanzen und Balladen*, Vol. IV, Op. 64; text by Mörike; composed 1847]

Early, when the roosters crow, before the stars are all gone, I must stand by the hearth and light the fire. The glow of the flames is beautiful, the sparks fly; I stare into the fire, lost in sorrow. Suddenly I realize, unfaithful boy, that I dreamed of you during the night. Tear after tear pours down then; that's how the day comes to me—how I wish it would go away again!

Geständniss / Mis amores tanto os amo [Confession / My Love, I Love You So; No. 7 of *Spanisches Liederspiel* (Spanish Songbook), Op. 74 (most of the songs in this cycle, translated into German by Geibel from Spanish, are for more than one voice); composed 1849]

I love you so, my darling, that my heart won't dare to shelter any wish, I love you so, I love you so! For if I dared to have wishes, I would also have hopes at the same time; if I weren't too shy to hope, I am sure I would make you angry, I am sure I would make you angry. Therefore, all alone, I call only for Death, asking him to appear, because my heart won't dare to shelter any other wish, any other wish, to shelter any other wish, I love you so, I love you so!

Der Contrabandiste / Yo que soy contrabandista [The Smuggler / I, Who Am a Smuggler; Supplement to *Spanisches Liederspiel*]

I am the smuggler, and I know how to make people treat me with respect; I know how to defy everyone, I have no fear of anyone. So I am merry, merry, merry, merry, merry! Who wants to buy silk, tobacco? Yes indeed, my little horse is weary; I ride fast, I ride fast, yes, ride fast, or else the constables will catch me, and then there'll be a show! So move fast, my little horse, move fast, my merry little horse, O my dear little horse, my dear, good little horse, O my dear, good little horse! You know how to get me away, you know how to get me away! I am the smuggler, and I know how to make people treat me with respect; I know how to defy everyone, I have no fear of anyone! So I am merry, merry, merry! O my dear little horse, my dear, good little horse, O my dear, good little horse! I am the smuggler, the smuggler, and I know how to make people treat me with respect, treat me with respect, my merry little horse, my merry little horse.

Aufträge [Messages; No. 5 of *Lieder und Gesänge*, Vol. III, Op. 77; text by L'Egru; composed 1850]

Not so fast, not so fast! Wait a bit, little wave! I want to give you a message for my sweetheart. If you float past her, give her a loving greeting from me! Tell her I would have come along, floating down on you, and would have boldly asked for a kiss in return for the greeting, but time was too short and didn't permit it. Not so hasty! Stop! Just a moment, little light-winged dove! I have a message for you to give my sweetheart! You are to give her a thousand greetings, and a hundred on top of that. Tell her I would have flown with you, passing over mountain and river, and would have boldly asked for a kiss in return for the greeting, but time was too short and didn't permit it. Don't wait for me to chase you, you lazy moon! You know what I ordered you to do for my sweetheart: cautiously peep into her window and give her a loving greeting from me! Tell her I would have mounted you and flown to her myself, and would have boldly asked for a kiss in return for the greeting; tell her the fault is yours, that my impatience was too great for it!

Zigeunerliedchen [Little Gypsy Songs; No. 7 of *Lieder-Album für die Jugend* (Song Album for Young People), Op. 79; text, from the Spanish, by Geibel; composed 1849]

1. A Gypsy lad has gone to join the soldiers. He took his recruiting pay and deserted, and tomorrow he must hang.
They took me out of my prison, set me on the donkey, whipped my shoulders till the blood ran down onto the road.
They took me out of my prison, they shoved and drove me far away. I quickly reached for my gun and fired the first shot at them.
2. Every morning, early, when daylight awakens me, I wash my face with the water from my eyes. There where the mountains tower loftily at the edge of the sky, they carried me off at night from the house, from the beautiful garden. Every morning, early, when daylight awakens me, I wash my face with the water from my eyes.

Marienwürmchen [Ladybird; No. 13 of *Lieder-Album für die Jugend*, Op. 79; text from *Des Knaben Wunderhorn* (The Boy's Magic Horn); composed 1849]

Ladybird, alight on my hand, on my hand; I won't do you any harm, any, any harm. Nothing bad will happen to you, I just want to see your colorful wings, colorful wings, my joy!
Ladybird, fly away, your little house is burning, your children are screaming so loud, so loud, screaming, screaming so loud. The evil spider is closing them in with her web; ladybird, fly in, your children are screaming so loud.
Ladybird, fly over to the children next door, to the children next door; they won't do you any harm, any, any harm. Nothing bad will happen to you there, they want to see your colorful wings, and say hello to the two of them from me.

Der Einsiedler [The Hermit; No. 3 of *Drei Gesänge* (Three Songs), Op. 83; text by Eichendorff; composed 1850]

Come, solace of the world, quiet night! How softly you come down from the mountains; all the winds are asleep; only a boatman, wearied with his travels, is still sending his evening song in praise of God across the sea from the harbor.

The years pass like the clouds and leave me here alone; the world has forgotten me; then you came up to my side miraculously, when I sat here lost in thought amid the rustling of the forest.

O solace of the world, quiet night! The day has made me so weary; the broad sea is now growing dark; let me rest from my pleasures and my distress until the eternal sunrise sparkles through the quiet forest.

Kennst du das Land? [Do You Know the Land?; No. 1 of *Lieder und Gesänge aus Goethes Wilhelm Meister* (Songs from Goethe's *Wilhelm Meister*), Op. 98a; composed 1849]

Do you know the land where the lemon trees blossom, where the golden oranges gleam amid the dark foliage, where a gentle breeze blows from the blue sky, where the myrtle stands quietly and the laurel grows tall? Do you really know it, do you really know it? There! there I would like to go with you, O my lover, there, go there with you, O my lover.

Do you know the house? Its roof rests on columns, its great hall shines, the rooms glisten, and marble statues stand and look at me: "What have they done to you, you poor child?" Do you really know it, do you really know it? There! there I would like to go with you, O my protector, there, go there with you, O my protector.

Do you know the mountain and its path amid the clouds? The mule seeks its way in the mist; the ancient brood of the dragons lives in caves; the cliff falls away and over it the water leaps. Do you really know it, do you really know it? That way, that way lies our path! O Father, let us go, that way, that way lies our path! O Father, let us go!

Sängers Trost [Singer's Consolation; No. 1 of *Fünf Lieder und Gesänge* (Five Songs), Op. 127; text by Kerner; composed 1850/1]

Even though no sweetheart will weep tears over my grave one day, still the flowers will let gentle dew fall upon it. Even if no wayfarer lingers by it as he passes by, still the moon on its journey will look down upon it. Even if soon no earthly dweller in these fields will think of me, still the meadow will think of me, and the quiet grove. Flowers, grove and meadow, star and moonlight, subjects of my song, will not forget their singer.

Mein Wagen rollet langsam [My Carriage Rolls Slowly; No. 4 of *Vier Gesänge* (Four Songs), Op. 142; text by Heine; composed 1852; dedicated to Livia Frege]

My carriage rolls slowly through the merry forest greenery, through flowery valleys that blossom magically in the sunlight. I sit and meditate and meditate and dream and think about my sweetheart. All at once three shadowy figures, nodding their heads, dart quietly into the carriage, into the carriage; they dart in and make funny faces so mockingly and yet so timidly, and whip themselves into a single misty shape and giggle and dart past.